Inscrivez-vous à la newsletter

l'esprit d'ouverture

Découvrez les livres de la collection L'Esprit d'ouverture, des ouvrages positifs qui invitent à penser autrement son existence. De l'apprentissage du bonheur à l'art d'être bon, de la petite musique du haïku au génie de l'intuition, de la sagesse de Confucius à un réjouissant voyage au cœur de la philosophie, des neurosciences à la psychologie en passant par la spiritualité et la poésie, une bibliothèque d'idées à la croisée des disciplines et ouverte sur le monde entier, qui offre des livres pour changer.

Recevez des informations en avant-première sur les nouvelles parutions et l'actualité autour des livres.

Découvrez les coups de cœur du directeur de collection, Fabrice Midal.

Participez aux jeux-concours et autres surprises exclusives.

Pour vous inscrire, connectez-vous sur :
www.espritdouverture.fr rubrique newsletter.

SURVIVRE
DANS UN MONDE
SANS PITIÉ

De l'art de la dissimulation

ADAM SOBOCZYNSKI

SURVIVRE DANS UN MONDE SANS PITIÉ

De l'art de la dissimulation

Traduit de l'allemand
par Pierre Deshusses

belfond
12, avenue d'Italie
75013 Paris

Titre original :
DIE SCHONENDE ABWEHR VERLIEBTER FRAUEN
publié par Kiepenheuer, une marque de Aufbau Verlagsgruppe GmbH, Berlin.
Édition publiée par l'intermédiaire de l'agence littéraire Michael Gaeb.

GOETHE-INSTITUT Cet ouvrage a été traduit avec le concours du Goethe Institut soutenu par le ministère des Affaires étrangères allemand.

Si vous souhaitez recevoir notre catalogue
et être tenu au courant de nos publications,
vous pouvez consulter notre site internet :
www.belfond.fr
ou envoyer vos nom et adresse
aux Éditions Belfond,
12, avenue d'Italie, 75013 Paris.
Et, pour le Canada,
à Interforum Canada Inc.,
1055, bd René-Lévesque-Est,
Bureau 1100,
Montréal, Québec, H2L 4S5.

ISBN 978-2-7144-4634-3

Et que l'art accomplisse
ce que la nature a commencé.

Baltasar GRACIÁN

Avant-propos

Chère lectrice, cher lecteur, ce livre contient trente-trois histoires qui abordent toutes l'art et la manière de se comporter dans un monde où les pièges abondent et les intrigues sont fécondes. L'art de la dissimulation, qui remonte à une tradition ancestrale, a de nouveau le vent en poupe.

Toutes ces histoires se sont plus ou moins passées de la façon dont elles sont racontées. Si le nom des différentes personnes a été changé, leur personnalité, leur profession ou les lieux de l'action sont restés identiques.

1

Savoir repousser en douceur les femmes amoureuses

Situation délicate : une personne tombe amoureuse d'une autre mais l'inclination n'est pas réciproque. La politesse commande alors d'y aller en douceur.

Supposons que vous soyez un homme. Lors d'une soirée, pour l'anniversaire d'une amie de longue date, vous faites, vers une heure du matin, la connaissance d'une femme. Vous avez déjà quelqu'un dans votre vie, qui n'a pas pu venir ce soir-là à cause d'un léger refroidissement, mais cette femme ne le sait pas. Et vous ne révélez pas tout de suite cette information. Vous la passez sous silence pour deux raisons : d'une part, cela équivaudrait à un affront car, en mentionnant brièvement l'existence de votre compagne, vous feriez comprendre de façon grossière que vous vous êtes rendu compte que cette femme vous manifeste de l'intérêt ; d'autre part, cette rencontre marque une ébauche d'émotion que vous êtes très tenté de savourer, du moins pendant les quelques heures que dure encore la fête.

Vous parlez du travail, des relations difficiles avec vos supérieurs, des vacances passées et à venir (Rome, la Finlande en automne !), vous vous demandez si faire la cuisine est une occupation plaisante ou horripilante ; et au bout du troisième verre de vin, qui délie complètement les langues, vous vous retrouvez avec cette femme d'un soir dans un état de pétillante exubérance. Vous observez les autres invités et médisez. Quelques remarques désobligeantes sont ainsi échangées sur une femme d'âge mûr à la bonne humeur pathétique.

Médire permet de mesurer le degré d'intimité. Celui qui médit fait ouvertement part de ses basses pensées en espérant qu'elles seront appréciées. Ce soir-là, elles sont appréciées et vous riez ensemble. Vous vous apercevez qu'il est tard, quelqu'un renverse une bouteille de bière, quatre femmes éméchées dansent avec exaltation sur un tube kitsch des années 80. Vous vous tenez à l'écart de cette animation, dans un coin tranquille. Il s'en est fallu de peu que vous n'en arriviez à un contact inopiné avec votre interlocutrice – l'esquisse d'un baiser. Il est temps de partir ! Après le quatrième verre de vin, gros du danger d'un incontrôlable rapprochement, vous quittez rapidement la fête et, dans une étreinte prudente, vous prenez congé de votre nouvelle connaissance en prétextant une matinée chargée pour le lendemain, non sans être convenus de vous retrouver bientôt pour un café.

Quelque chose n'allait pas. Peut-être sa façon de rire un peu trop fort ? Ou bien ses chaussures pointues qui suggéraient de façon agressive une part cachée de sa personnalité ? Ces détails sont toujours décisifs dans les choses de l'amour. Peut-être était-ce aussi la vulgaire crainte des complications qui vont de pair avec ce genre d'affaires, l'aveu que vous n'auriez finalement pas pu contenir longtemps : vous êtes certes engagé mais vous n'auriez rien contre une liaison sans trop d'obligations ni de contraintes. Mais surtout, il aurait fallu parler. Et vous n'aimez pas parler d'une relation avant qu'elle n'ait véritablement commencé. Finalement les chaussures n'y étaient pas pour grand-chose.

Deux jours plus tard arrive bien entendu le SMS prévu : « Un café ? Aujourd'hui ? Demain ? » Bonne humeur volontairement affichée. Que faire ? Rien ! Ne pas réagir. Quoique faire le mort tout de suite après la fête n'est pas vraiment la meilleure solution. Alors gagner du temps. Et vous répondez : « Volontiers, mais beaucoup de stress en ce moment, te fais signe la semaine prochaine. Biz ! »

Une semaine passe et vous vous gardez bien de lui faire le moindre signe. Une façon tout à fait recommandable de couper les ponts. La femme ainsi bafouée a maintenant une mauvaise opinion de vous. Telle était d'ailleurs votre intention. Car qui a envie de repousser en douceur une femme énamourée doit donner très tôt l'impression de ne pas être quelqu'un sur qui l'on peut compter – et surtout d'être très difficile à vivre. Pas méchant, bien sûr. Qui peut savoir si votre chemin ne va pas croiser encore une fois celui de cette dulcinée ? Ou si elle ne va pas chercher à vous nuire en colportant de méchants ragots à votre sujet ?

En aucun cas le fait de repousser en douceur une femme amoureuse ne doit porter préjudice à celui qui la repousse. Il s'agit plutôt de lui faire croire habilement que c'est son intérêt pour vous qui s'est émoussé. Ménager les femmes amoureuses, c'est donc développer chez elles leur capacité à se mentir à elles-mêmes.

Mais les choses se corsent si le silence du repli vous pare soudain d'un mystère chatoyant. Si les femmes se sentent attirées, flairant un caractère compliqué qu'elles se mettent en tête de soigner. Elles écrivent alors un deuxième, puis un troisième SMS, affichant toujours une inoxydable bonne humeur. Dans ce cas, une seule solution : observer un silence sans faille.

Certes, la plupart des gens ne font pas preuve de la même circonspection que vous lors d'une soirée de ce genre. Après le quatrième verre, beaucoup mettent tout en œuvre pour pouvoir s'adonner aux plaisirs de la chair. Il ne faut alors guère plus de quelques jours après la première rencontre pour qu'une douce musique emplisse le secret d'une chambre. Et l'on se retrouve le lendemain matin, assis à une table de cuisine, le regard fixé sur la fenêtre, tout en remuant sa cuillère dans une tasse et en simulant la bonne humeur – sentant bien qu'après cette torride nuit d'amour il va désormais falloir accepter d'être un objet de désir. Dans ce cas, il est conseillé de répéter sans se lasser que vous n'êtes pas prêt, que votre dernière relation a été une telle source de tourments et tellement traumatisante que vous ne l'avez pas encore surmontée, que vous ne vous êtes pas encore vraiment remis, que les blessures infligées à votre âme ne sont pas encore cicatrisées et qu'elles empêchent ce nouvel amour –

en soi pourtant si merveilleux ! Là, il convient de prendre un regard triste et de hausser les épaules. On peut aussi laisser affleurer un soupçon de trouble. Cela peut avoir un effet de repoussoir sur certaines.

Mais pas toutes.

Il y a en effet les coriaces. Les amoureuses coriaces demandent les vraies raisons de ce non-amour. Elles se doutent que l'on ment, les pauvres ! Mais que faire si c'est le physique qui ne correspond pas à votre goût ? Impossible de répondre que ça vient de l'âge, de quelques kilos en trop ou d'une peau pas très nette. Dans des cas pareils il convient de toujours rester évasif, avec toutes les marques du plus grand désarroi, et de dire qu'en amour tant de choses restent au seuil des mots. Ce qui n'est bien sûr pas vrai quand on y regarde de plus près, mais ce genre de propos recueille en général un large assentiment.

Seuls les barbares, les dictateurs et les cheiks ont le droit de se montrer indifférents et de repousser les femmes amoureuses sans prendre de gants. Pour les autres, il convient de se rappeler que ce sentiment auquel on ne répond pas ne s'estompe doucement que lorsque l'amoureuse croit avoir été trompée par sa première impression.

2

Cacher ses passions

Les débordements affectifs incontrôlés, qu'il s'agisse de joie ou de colère, doivent presque toujours être soigneusement évités. Ils révèlent en effet à l'adversaire nos intentions et nos passions. Un esprit échauffé tend à faire des erreurs, alors que savoir garder la tête froide est un gage de discernement.

On est souvent irrité – et à bon droit – de recevoir un mail insolent. L'envie d'y répondre de façon encore plus insolente est énorme. Dans un cas pareil on devrait commencer par se calmer au lieu de se ruer sur le clavier.

Les mails impudents se camouflent souvent sous des exigences légitimes : « Cher Monsieur Walter, comme promis, je vous joins la note de frais pour mon voyage à Rome. Je vous remercie de procéder à un virement sur mon compte dans les plus brefs délais. Je vous ferai parvenir les justificatifs d'ici peu. Très cordialement. Hans Strass. »

Heinrich Walter, employé dans une agence immobilière ayant pignon sur rue, avait envoyé à Rome

M. Strass, un collaborateur indépendant, pour y vendre deux beaux appartements. Le chef de M. Walter avait bien insisté, la société traversant une passe difficile, pour que le déplacement se fasse à peu de frais. Il avait donc été convenu avec M. Strass que son séjour se limiterait à trois jours dans un hôtel deux étoiles.

Or, quelle ne fut pas la stupeur de M. Walter quand il ouvrit la pièce jointe contenant la liste des frais ! Hans Strass n'avait pas passé trois jours mais sept jours entiers à Rome. En plus, il était descendu au grand hôtel Parco dei Principi, face aux jardins de la Villa Borghèse. Tout en redoutant un blâme de son chef, M. Walter imaginait M. Strass en train de se prélasser dans un bain à remous, sirotant un cocktail, faisant monter des jeunes femmes dans sa chambre et fumant un gros cigare dans l'un des profonds fauteuils du bar. La tête remplie de ces envieuses pensées, il se mit à taper rageusement sur les touches, évoquant l'impudence et la présomption dont faisait preuve ce monsieur. Primo, on n'envoyait pas une liste de frais par mail, cela se faisait par courrier, et on joignait toujours les justificatifs. Secundo – et indépendamment de ce fait –, il ne fallait pas croire que quiconque dans cette maison lui réglerait cette somme faramineuse.

À ce moment M. Walter ne pouvait pas encore savoir que, grâce à ses incomparables talents de vendeur, Hans Strass avait obtenu des contrats mirifiques ! Le patron de l'agence était même tellement enthousiasmé que, sans encore le dire, il était fermement décidé à offrir un emploi fixe à M. Strass et même à en faire l'un de ses plus proches collaborateurs.

Les mails désagréables finissent toujours par arriver là où il ne faut pas. En général sur le bureau des supérieurs. Ce fut aussi le cas dans cette affaire.

Quelques minutes plus tard, le chef déboule dans le bureau de M. Walter. C'est un homme trapu, d'une quarantaine d'années. Le visage rouge de colère, il demande à M. Walter s'il est devenu fou. Aller chercher des noises à M. Strass pour quelques euros ! Qu'est-ce qui l'autorise à se mettre ainsi en avant ? Est-ce à lui, le patron, de s'occuper de tout dans cette maison ?

M. Walter se balance nerveusement sur son fauteuil et pâlit. Il demande quelle erreur il a commise. Le chef ne répond pas, se contentant de faire un geste dédaigneux de la main. Puis, secouant la tête, il sort du bureau, furibond, en faisant claquer la porte derrière lui.

Inutile de dire que M. Walter dormit fort mal durant les nuits qui suivirent. S'être ainsi attiré les foudres de son patron lui pesait énormément. Depuis que sa fille avait quitté la maison et que sa femme était décédée, l'agence immobilière était pour lui comme un élixir de vie dans une existence chiche de plaisirs et de joies. « Comme les temps ont changé », se disait M. Walter durant ces nuits agitées, en proie à l'insomnie. Autrefois, lorsque le père de son actuel patron était encore en fonction, le monde ne marchait pas sur la tête. Certes, il n'avait pas un caractère facile, il était un peu porté sur la boisson et lunatique, mais une chose était sûre : c'était un homme de parole. Jamais le père n'aurait ainsi travesti la réalité (« pour quelques euros ! »). Jamais il ne l'aurait humilié de cette façon.

On comprend aisément que M. Walter a commis deux grossières erreurs. Non seulement il n'a pas vu qu'il était possible, dans un premier temps, d'informer discrètement son chef qu'il se retrouvait face à une surfacturation litigieuse, mais, ne pouvant réfréner ses pulsions, il a aussi commis l'erreur de répondre avec une trop grande précipitation. Il est certain que son mail révélait une véritable aversion pour M. Strass, dont il avait fait la connaissance, quelques mois plus tôt, lors d'une soirée organisée par la confédération des agences immobilières de la ville. Ce jour-là, notre jeune M. Strass, qui ne manquait pas d'allure, avait été particulièrement brillant, débitant plusieurs anecdotes d'une voix assurée, et plus tard, alors que la soirée tirait à sa fin, M. Walter l'avait encore vu discuter près du bar avec son chef sur un ton familier qui n'avait pas manqué d'éveiller son inquiétude.

Le mail de Hans Strass était un piège tellement grossier que M. Walter aurait facilement pu l'éviter. Il existe un principe qu'il ne faut en effet jamais oublier : il est absolument impossible de reprendre une phrase – qu'elle ait été dite ou écrite. En revanche, celui qui sait se taire et modérer ses passions se ménage toujours une porte de sortie. Si M. Walter s'était laissé quelques minutes de réflexion, il aurait pu répondre de la façon suivante : « Cher Monsieur Strass, je vous remercie beaucoup pour votre mail.

J'espère que votre travail vous a quand même laissé un peu de temps pour profiter de Rome. En parcourant vos notes de frais, je m'aperçois que le montant dépasse légèrement ce qui avait été convenu au départ. Si vous pouviez me donner de plus amples informations, je vous en serais très reconnaissant. Dans l'espoir de vous revoir bientôt, je vous prie d'agréer, cher Monsieur, l'expression de mes sentiments les meilleurs. Heinrich Walter. »

M. Strass aurait alors été dans l'obligation de donner des explications ; il aurait vraisemblablement répondu qu'il lui avait été impossible de trouver un hôtel deux étoiles aux dates prévues pour son bref séjour à Rome. Cela aurait donné l'occasion à M. Walter de vérifier qu'il n'en était rien et qu'il était toujours possible, quelle que soit la saison, de trouver un logement meilleur marché. Il aurait communiqué cette information à M. Strass en usant d'une grande politesse, non sans cacher un zeste de mauvaise humeur.

Bref, au fil de cet échange de mails, Hans Strass se serait retrouvé dans une situation de plus en plus gênante. Avec un peu de chance il n'aurait pas tardé à s'enferrer et, en manque d'arguments, il aurait maintenu ses exigences avant d'écrire un beau matin un mail sommant M. Walter de bien vouloir lui épargner « toutes ces conneries mesquines ». C'est justement ce qu'aurait attendu M. Walter, qui aurait alors imprimé ce mail et l'aurait présenté à son chef en disant modestement qu'il n'avait bien sûr aucunement l'intention de dévaloriser les collaborateurs indépendants mais que celui-ci créait quand même quelques petits problèmes. Il venait donc lui demander son avis.

Oui, toute cette histoire aurait pu prendre une tout autre tournure, si M. Walter ne s'était pas montré aussi soupe au lait !

Qui ne sait contrôler ses affects se met à nu et devient ainsi vulnérable. Cela ne veut pas dire, bien sûr, que l'on n'a pas le droit de se mettre en colère. Feindre la colère pour impressionner un concurrent est d'ailleurs une pratique très courante. Simplement, cela ne doit jamais se faire par mail. Les mails, comme chacun sait, circulent partout. En revanche, débouler de temps en temps dans le bureau d'un collègue un peu fragile et lui faire une scène pour une erreur ou une étourderie peut être très utile pour gagner son respect.

Le grand art consiste par exemple à se mettre exprès en colère lors d'une conférence. Mais dans ce cas, il faut défendre un point de vue de façon si véhémente que tous les participants croient que cela peut davantage nuire qu'être utile à celui qui se met ainsi dans tous ses états. La chose peut parfois être acceptée, dans la mesure où l'on apparaît alors comme un individu au caractère fort, sachant défendre ses positions et ayant des principes. Mais cet exercice exige une telle maîtrise dans l'art de la dissimulation qu'il est réservé aux personnes confirmées.

3

Se dissimuler

Les deux histoires qui précèdent montrent que nous nous mettons continuellement en scène. Nous y sommes même souvent obligés, pour exprimer nos envies, nos pensées, nos désirs. Nous sommes perpétuellement dans la dissimulation pour nous préserver des autres, afin qu'ils ne soient pas en mesure de nous nuire, ou pour nous mettre en position avantageuse face à d'éventuels concurrents. À cet effet nous avons besoin du corps et de la parole. Outils fragiles qui révèlent la faille existant en nous depuis notre naissance, divisés que nous sommes entre l'être et le paraître, entre l'intellect et le corps. Nous voulons être authentiques, mais nous ne faisons qu'en donner l'impression – dans le meilleur des cas. Nous ne sommes jamais vraiment nous-mêmes. Depuis le péché originel, la Création n'est qu'un vaste théâtre. Comme le disait un philosophe : « Être vrai, ce n'est finalement que mentir selon une convention bien établie, mentir avec le troupeau dans un style qui engage tout le monde. »

Dissimuler, c'est cacher des intentions, des traits de caractère, des positions. Le simple fait de saluer aimablement un collègue que nous n'apprécions guère, qui se pavane d'un air satisfait dans le bureau et croit sans raison nous être supérieur, voilà qui est déjà, à strictement parler, de la dissimulation. Il y a des jours où nous aurions envie de le gifler. Mais nous ne le faisons pas. Nous saluons cordialement celui que nous méprisons. Sans la politesse qui tempère nos passions, qui pare le quotidien de doux mensonges, sans une mise à l'écart de nos pulsions, sans un minimum de distance imposée, nous serions aussi dangereux que des animaux. Il est étonnant de voir à quel point la vie en communauté est marquée par une continuelle retenue – condition indispensable à son existence. Tout aussi étonnant de constater que la plupart des gens se croient, de ce fait, moraux. Dans ce mensonge sur soi-même, ce qui est en réalité dissimulé c'est la dissimulation elle-même.

Dernièrement on a fait valoir, de façon assez subtile, que l'art de la dissimulation progresse chaque fois que le monde traverse des crises profondes. Autrefois les courtisans avides tournaient autour du prince comme des mites autour d'un verre de lampe. Ce que l'on appelle aujourd'hui le *mobbing* était déjà pratique courante : on s'éliminait mutuellement, on ridiculisait l'autre, on cherchait obstinément à trouver les failles qui pouvaient le discréditer – tout cela pour éviter d'avoir à subir l'affront d'une dégringolade sociale. Tout se passait comme c'est actuellement le cas dans certains bureaux, dans certaines petites ou moyennes entreprises, dans certaines boutiques ou simplement dans des équipes de travail.

Les choses ne se déroulent de façon relativement paisible que lorsque l'on vit dans un pays prospère, avec peu de variations dans l'échelle sociale. Il y a encore des gens qui ont connu cette époque. Adossés à une solide croissance économique, ils pouvaient faire des études jusqu'à ce que leurs tempes commencent à grisonner, discuter de Trotski jusqu'à en perdre la voix, changer de partenaires jusqu'à épuisement de leur libido. Puis ils se réfugiaient dans le fonctionnariat et le mariage, histoire de faire quelques enfants.

Les cuisines des appartements communautaires devenaient alors le centre du monde ; c'est là que la formidable production de psychologie engendrée par des siècles de bourgeoisie atteignait son acmé. Assis autour de tables constellées de cire de bougie, une fois tous les coïts consommés, on discutait de l'orgasme féminin et du sentiment qu'il engendre face à un patriarcat n'ayant pas encore rendu l'âme. Quel triomphe, en regard de ces lignées de parents taciturnes, de voir que les plus infimes recoins de l'âme pouvaient enfin être mis à nu et exposés sur un ton doucereux !

Certains Allemands de l'Est ne disent pas autre chose quand ils évoquent avec une vague mélancolie l'entraide qui, avant la réunification, fleurissait à chaque coin de rue, à l'ombre des façades décrépites. On se dépannait avec naturel, troquant de rares pièces de rechange nécessaires pour faire redémarrer de rares véhicules pétaradants. Dans les bars, les ouvriers se retrouvaient avec les professeurs d'université, et tous cohabitaient dans les mêmes cités.

Qui va aujourd'hui dans un bar où l'on passe de la musique douce peut encore avoir un aperçu de cet ancien culte de l'authenticité : on peut en effet y voir des hommes et des femmes assis dans une connivence mielleuse, sous des lumières tamisées, sondant les nuances et les travers de l'âme. C'est sans doute la dernière génération à pouvoir ronger encore un peu l'os du miracle économique qui a tant nourri ses grands-parents.

Pour ces hommes et ces femmes, le temps a passé comme un bel après-midi d'été. Ils ont grandi dans les années 80, qui sont, comme on l'a dit une fois à juste titre, la décennie la plus ennuyeuse de ce siècle : Claude François poussait la chansonnette avec les Claudettes et Boris Becker faisait joujou avec sa raquette. Mais celui qui écoute les conversations actuelles, témoin de hasard pénétrant dans des salons aménagés style Ikea, entend et voit à nouveau la dissimulation dans ses vieux atours.

Car, bien entendu, la dissimulation n'a jamais disparu ; elle fait partie de la nature humaine comme l'obligation de se couper les ongles ou de marcher en position debout. Sauf que, comme les carrières qui s'offraient à nous étaient jusque-là relativement prévisibles, cela ne valait pas la peine d'intriguer.

Ce qui est décisif, c'est de savoir comment s'habiller pour sortir ou quelle voiture vous mettra le plus en valeur ; mais la bonne vieille mélancolie est tarie, et pas seulement, pour cette génération. Il y a le stress, le portable qui sonne en pleine nuit, le cinquième stage d'affilée et toujours pas de poste en vue. « Manque de temps », disent ceux qui réussissent. « Encore un déménagement », disent ceux qui sont surmenés. On va d'une ville à l'autre, on change de profession, on monte, on descend ; on travaille sur des projets qui n'arrêtent pas de changer, au sein d'équipes qui n'arrêtent pas de changer, avec des chefs qui n'arrêtent pas de changer, et l'on consulte ses mails soixante-six fois par jour. Grande mobilité, concurrence acharnée, mais la dissimulation est reine : jamais encore le monde n'a été aussi aimable, rarement il a été enveloppé de mots aussi mielleux. L'époque des colériques est révolue, l'avenir appartient aux charmeurs.

Dans les périodes de rupture sociale, l'artiste de la dissimulation a le vent en poupe. Fini le temps où les grands bourgeois posaient en costume croisé, le monocle coincé sous l'arcade sourcilière, ou celui des fiers ouvriers bombant le torse devant leurs énormes machines, manches retroussées, prêts à la lutte des corps ; fini la certitude d'un emploi fixe classique.

On ne se rebelle pas. Ce n'est pas l'employé qui regimbe, ni les professions libérales ou les travailleurs presque indépendants. Il n'y a plus que le monde d'« en bas » pour descendre encore dans la rue par petits groupes isolés, traverser la ville en brandissant des pancartes racornies et en jouant du sifflet à roulette, l'haleine chargée d'alcool. Se rebeller ? Cela fait partie du passé. Se rebeller contre qui, d'ailleurs ? Contre un chef qui pressure ses employés ? Faut-il faire cause commune et le renverser ? Impossible. Le chef qui pouvait autrefois focaliser la colère n'existe plus. Il est maintenant le plus aimable des hommes. Il n'y a plus de « nous » non plus. Il n'y a que le « moi », cuirassé, préoccupé de sa seule carrière. L'adversaire n'est plus en haut. Là-haut, il n'y a que le ciel. L'adversaire est assis à côté de vous dans un bureau décloisonné. On appelle ça la hiérarchie horizontale.

Comment se comporter pour s'imposer ? D'abord, toujours garder le sourire. L'individu flexible de notre époque ne fait jamais ce qu'il prétend faire ; il ressemble à un caméléon prenant la couleur de la pierre où il s'est installé.

L'homme d'aujourd'hui est toujours réactif, dit-on, mobile et capable de s'adapter. Ce sont là des concepts pertinents, certes. Les concepts d'une vie de cour. À une époque où chaque courtisan était l'adversaire de l'autre, faisait progresser sa carrière avec vigueur ou se posait en rival amoureux. À la cour, il n'était plus le chevalier d'antan qui luttait avec son épée et sa lance ; ses armes étaient désormais des paroles bien affûtées et des gestes sournois. De la même façon qu'aujourd'hui plus personne ne descend sur le champ de bataille de la rue pour scander des slogans. Chacun, au quotidien, se masque et se pare d'amabilité.

Le pionnier de l'art de la dissimulation, le sombre jésuite espagnol Baltasar Gracián, connaissait déjà fort bien les tromperies, les flatteries et les messes basses de notre époque. Il y a de cela trois siècles et demi. Nous le retrouverons de temps à autre au fil de nos histoires, lui et quelques autres moralistes de son temps. Leur intention n'était pas d'édifier moralement l'individu, mais de lui montrer sa capacité à se dissimuler derrière un masque ; ils ne voulaient pas l'améliorer mais simplement comprendre son système de repères moraux ; ils ne voulaient pas lui donner une finesse éthique mais lui apprendre à agir de manière avisée.

C'est aussi ce que nous voulons. Pour notre époque. Le monde était alors mauvais. Il l'est toujours aujourd'hui – il suffit de regarder autour de nous.

Qu'est-ce que la vie ? Un champ de mines.

Qu'est-ce que la dissimulation ? La condition de notre ascension.

Qu'est-ce que l'amour ? La plus belle des mystifications.

4

Prendre un regard intéressé

Nous sommes tous avides d'attention. Lorsque quelqu'un se trouve au centre d'une conversation, il peut en éprouver une forme d'autosatisfaction éhontée. Il n'y a en effet guère de choses qui satisfassent autant la vanité. Surtout pour qui est capable de tellement fasciner ses auditeurs qu'il arrive à plaire en dépit de son narcissisme. C'est à ce moment seulement que les autres regardent de façon attentive et intéressée celui qui parle. S'oubliant eux-mêmes, ils sont suspendus à ses lèvres, pour reprendre une belle expression. Et cela plaît beaucoup à celui qui parle et sait très bien que se plaire à soi-même n'est pas d'une grande utilité si l'on ne plaît pas en même temps aux autres. Inversement : qui veut flatter celui qui parle doit l'écouter avec attention.

Une femme marche sur les bords du Rhin, en compagnie d'un homme. C'est la première vraie belle journée de l'année : les skateurs ont rechaussé leurs patins et frôlent à toute vitesse ce couple de flâneurs. Tout en parlant, la femme jette un regard absent sur un bateau chargé de touristes qui descend paisiblement le fleuve.

La femme ne travaille pas aujourd'hui. Elle est chirurgienne et ces derniers jours ont été passablement difficiles : deux appendices perforés, un anévrisme compliqué, et puis cette histoire avec l'infirmier. Elle est contente d'avoir pu convaincre son vieil ami de venir faire une promenade avec elle.

Pour simplifier, nous allons appeler cet ami Andreas et la femme Maria.

Tous deux se connaissent depuis la fac. Andreas travaille toujours à sa thèse sur les Mérovingiens, et elle ne semble pas près d'être finie. Autrefois, certains jours de grande disette, comme il en connaît maintenant depuis des années, penché sur des copies, alors qu'il était écœuré par ce magma de notes de bas de page engluant tous les travaux de recherche et qu'il souffrait du syndrome de la page blanche, Maria, encore étudiante, venait sonner à la porte de son petit appartement, les bras chargés de bières. Ils se mettaient alors au lit et buvaient ensemble. Il y avait aussi des chips et des vidéos : tous les James Bond disponibles. Boire de la bière plutôt que du vin était une chose qui lui plaisait. Certaines nuits, alors qu'elle était encore profondément endormie, il se levait pour aller fumer une dernière cigarette à la fenêtre et il se rendait compte, non sans étonnement, que le jour commençait à se lever. Il aimait bien ça : être encore éveillé pendant qu'elle dormait. Et il aimait regarder ses paupières qui tressaillaient légèrement pendant son sommeil.

Tout cela remontait à un certain nombre d'années, à une époque où le monde leur semblait encore un océan de possibilités – du moins par instants. Ils n'avaient jamais vraiment été ensemble ; dans ces années de hautes exigences, ils se trouvaient trop différents l'un de l'autre. C'était seulement le moyen de pimenter le quotidien en comptant sur le désir de changement. Mais c'était déjà quelque chose. Puis, lorsque Maria était tombée amoureuse d'un autre, ils avaient décidé de mettre fin à leur liaison et de la transformer en amitié. « Maintenant, je suis vraiment amoureuse », disait-elle fièrement.

Et tandis qu'Andreas s'enfonçait toujours plus profondément dans son travail (qu'il finance encore aujourd'hui grâce à un emploi subalterne à l'Institut d'histoire), Maria avançait brillamment dans ses études. Elle n'avait pas trente ans quand elle devint interne. Nul ne pouvait y trouver quoi que ce soit à redire, surtout pas ses parents, qui lui firent alors cadeau d'une Volkswagen Polo – ce que Maria trouva un peu stupide, vu que, dorénavant interne, elle aurait pu s'acheter ce genre de véhicule à crédit.

Pourquoi raconter tout cela ? Parce que en fait Andreas désire secrètement Maria, davantage qu'il n'est d'usage en amitié. Ses frémissements de paupières au petit matin se sont incrustés en lui. Depuis qu'ils ont décidé d'un commun accord de ne plus se laisser aller à toutes les marques de tendresse qui débordent de l'amitié, il ne désire rien tant, justement, que ces débordements. Voilà longtemps qu'Andreas attend le moment de pouvoir redonner à sa relation avec Maria la forme plus passionnée qu'elle avait à ses débuts.

Et il pressent, non sans raison, que le jour est peut-être venu. Car Maria est troublée. C'est la meilleure des conditions. Son récit est haché, ponctué de grands gestes, pendant qu'ils marchent le long du fleuve ; elle parle de son ami, médecin lui aussi (mais dans une autre clinique), elle le dit très fidèle, très attentif ; il a envie d'avoir des enfants ; il est tendre et aime faire la cuisine. Elle dit l'aimer. Ou, du moins, que cela ressemble à de l'amour.

Andreas répond qu'il sait tout ça. Que c'est merveilleux. Où est donc le problème ?

« Le problème ? » Maria a un petit rire désespéré. « Le problème c'est l'infirmier !

— L'infirmier ? Quel infirmier ?

— Comme c'est gênant, tout ça ! » dit Maria en portant les mains à ses tempes et en rougissant. Et elle se met à raconter le funeste enchaînement de circonstances. Au début il n'y eut que de timides échanges de regards et quelques frôlements de mains, quand par exemple l'infirmier lui passait les instruments lors des opérations. Puis vinrent les inévitables rencontres à la cantine devant une escalope panée-pommes sautées. Un verre ensemble à la fin du service. Et enfin le brusque retour des pulsions de la jeunesse assouvies à la sauvette dans divers débarras de la clinique. Au cours de pauses que l'on s'arrangeait pour prendre ensemble.

Que devait-elle faire ? Tout avouer à son compagnon et mettre un terme à cette affaire ? Quitter son compagnon ? Elle était complètement perdue et ne savait que choisir, entre la sécurité d'un côté et une vie aventureuse de l'autre ; elle avait même du mal à se concentrer sur les fines incisions lors d'interventions difficiles.

On pourrait facilement croire qu'Andreas n'a guère de chances, dans une situation où il se retrouve face à deux concurrents. Or, c'est justement l'inverse qui est vrai. Andreas suppose en effet à bon droit que le compagnon de Maria et son infirmier s'annihilent l'un l'autre. Sans qu'ils le sachent. L'infirmier est la preuve pour Maria que sa vie avec son compagnon l'ennuie. Inversement, son compagnon met en relief la vie modeste de l'infirmier. Non seulement il a un tout petit salaire mais il serait impensable de l'emmener à une soirée. Maria aurait trop honte qu'il ne soit pas à la hauteur intellectuellement.

Mais même s'il le pense, Andreas n'en dit rien. Il écoute attentivement Maria, prend un regard songeur, allume une cigarette, pose de temps en temps une question quand il souhaite une précision sur tel ou tel point et fait ainsi remonter le conflit en pleine lumière. Il ne commet pas l'erreur de critiquer l'un des concurrents ou les deux. Au contraire : d'un côté il fait l'éloge de cette belle passion (« Vraiment excitant ! »), de l'autre il met en avant le calme solide du compagnon de Maria (« C'est vraiment quelqu'un d'agréable ! »). Ce faisant il provoque la réaction de son amie, qui se plaint de dimanches mornes et sans fin (« Nous avons recommencé à jouer aux cartes, alors que je n'aime pas ça ! »), avant de se plaindre ensuite de son infirmier qui a sans doute raconté partout sa nouvelle conquête. En tout cas, Maria a déjà dû encaisser quelques piques de la part de certains collègues. Les moqueries sur sa liaison vont bon train.

Ce n'est que maintenant, alors que le jeu semble presque gagné, qu'Andreas abandonne son attitude jusque-là orientée vers la compréhension et passe à l'attaque : il montre un petit pavillon de brique rouge qui resplendit dans le soleil de l'après-midi. Joliment situé sur une hauteur, il a été depuis peu aménagé en café.

Dès la deuxième bière, nos amis se mettent à parler du bon vieux temps (« C'est quand même fou tout ce qu'on a vécu à l'époque ! »). À la troisième il y a une légère descente dans les graves, quand Maria s'enquiert du stade d'avancement de la thèse d'Andreas, qui, prenant généreusement quelques libertés avec la réalité, déclare qu'elle sera bientôt bouclée. À la quatrième bière, Maria remarque qu'Andreas a un peu maigri au cours des dernières semaines (« Mais ça te va bien ! »).

En point d'orgue de cette journée, Andreas propose d'aller louer un film. Après une brève hésitation (pour des raisons dramaturgiques et non parce qu'elle a des doutes), Maria dit : « Oui ! Pourquoi pas ? »

Et quelques heures plus tard, Andreas, debout à la fenêtre et fumant une dernière cigarette, s'étonne que l'aube pointe déjà. Il aime être éveillé quand Maria dort encore. Son regard tombe sur ses paupières qui tressaillent légèrement pendant son sommeil.

C'est ainsi qu'un regard attentif, une écoute patiente l'emportent sur un discours intempestif. Et les autres, ne pouvant réprimer leur jalousie, traitent l'homme capable de ce genre d'intérêt méditatif de « type qui comprend les bonnes femmes ». Mais il a raison, celui qui ne sous-estime jamais la vanité du narrateur. Celui-ci n'est en effet jamais très à l'aise quand il constate que son auditeur cherche sa réponse plutôt que d'être suspendu à ses lèvres. Seule la preuve d'une attention absolue est à même de faire tomber le narrateur dans le piège consistant à se mettre totalement à nu.

5

Donner l'impression d'être authentique

Nous évitons le magouilleur incapable de cacher ses magouilles, le menteur qui ne maîtrise pas le mensonge. Nous ne pouvons que sourire devant un magicien qui trahit malgré lui le secret de sa boîte à double fond. Quels que soient le lieu et le moment, l'important est de maîtriser l'art de la dissimulation.

Un jeune homme s'énervait un jour à propos d'une compagnie aérienne d'un pays du sud de l'Europe, qui vantait dans ses prospectus « l'atmosphère intime et douillette » de ses appareils. Il avait lu ce prospectus dans l'avion qui le ramenait de Zagreb. Le vol était complet. Le dossier du siège devant lui, juste sous son nez, vibrait violemment ; à sa gauche une femme d'une corpulence certaine, transpirant comme un bœuf, se pressait de toute sa masse contre son épaule, tandis qu'à sa droite un Asiatique, heureusement menu, semblait si angoissé par le manque d'espace qu'il se croyait obligé de souffler comme un phoque. C'est uniquement parce que tout ce petit monde faisait bien attention à ne pas bouger que le vol se passa sans trop d'encombre. Il aurait suffi de vouloir allonger un peu le bras pour se gratter derrière le genou, et ç'aurait été le chaos dans cette fragile disposition des corps.

L'avion était un minuscule Boeing où l'on avait fait installer le plus de sièges possible pour réduire les coûts. Les bagages à main avaient été pris par le personnel de bord juste avant l'embarquement et mis dans la soute, faute d'endroit prévu à cet effet en cabine. On ne vous en déchargeait donc pas au nom d'un service particulier offert aux clients, comme il était dit dans le prospectus, mais simplement pour mieux entasser ces derniers.

Le jeune homme racontait tout cela d'une voix tremblante, disant que ce genre de choses le mettait hors de lui, tant la publicité était en contradiction avec la réalité. Il savait évidemment de quoi il parlait puisqu'il était attaché de presse et travaillait pour une grande entreprise automobile. Il disait que la façon de faire de son groupe était beaucoup plus subtile. Et surtout beaucoup plus amusante. Une entreprise ne devenait sympathique aux yeux du public que si elle ne se prenait pas trop au sérieux. « Il faut toujours faire rire les gens ! » disait-il, ajoutant que la publicité qui passait aujourd'hui dans les cinémas était tellement bien faite que le film, ensuite, paraissait souvent décevant.

Les mensonges au néon des réclames lumineuses, les spots télévisés, les pop-up sur nos écrans d'ordinateur, tout cela, nous le regardons avec indulgence et patience, et parfois avec un certain plaisir, même si nous n'en croyons pas un mot. Mais ce que nous tolérons de la part des entreprises qui passent leur temps à nous flatter, nous ne le supportons pas de la part de nos congénères.

« Elle n'est pas authentique ! » Cette phrase prononcée avec beaucoup d'élan n'a rien de très flatteur. C'est Anja, une femme d'une bonne trentaine d'années, assise avec une amie un tout petit peu plus âgée qu'elle, qui vient de la prononcer en parlant de sa chef. Elle secoue la tête d'un air de mépris. Les feuilles d'automne jonchent les trottoirs, mais, grâce aux parasols chauffants installés à la terrasse des cafés, nos deux amies ne ressentent pas le froid, juste un petit peu aux chevilles. Et comme le soleil perce de temps en temps la couche nuageuse, elles ont leurs lunettes de soleil à portée de main, posées sur la table entre leurs tasses de café.

Anja doit passer beaucoup de temps au téléphone, elle travaille dans un institut de sondage. Des sondages sur tous les sujets possibles et imaginables. Quel parti va l'emporter aux élections de dimanche prochain ? Quelles sont les valeurs auxquelles les gens accordent le plus d'importance ? À quelle heure vont-ils faire leurs courses ? Des choses de ce genre.

Quelques jours auparavant, lors de la réunion hebdomadaire, la chef avait été questionnée sur la récente diminution du volume de travail. Les collaboratrices – aucun homme ne travaillait dans ce bureau – redoutaient que l'entreprise traverse une passe difficile. Là-dessus la chef, non pas avec un calme souverain mais la main légèrement tremblante – tout le monde l'avait bien vu –, avait souri de façon un peu gênée et dit qu'on enregistrait en effet une légère baisse des commandes mais que personne ne devait craindre pour son poste. Elle, qui aimait recevoir dans son institut les hommes politiques et les hommes d'affaires dans un tailleur strict et avec un rire assuré, s'était mise à rougir après sa réponse quelque peu hésitante, et nul ne s'était étonné que, deux jours plus tard, on entende déjà parler de la suppression de trois postes pour raison économique.

La plus âgée des deux amies eut une réaction indignée : « Quelle saloperie ! Un vrai faux cul ! – Oui, dit Anja en se passant distraitement une main dans les cheveux, elle n'est pas authentique. » Puis elle ajouta qu'elle-même faisait partie des trois personnes qui devaient quitter l'entreprise. Son amie eut un regard consterné et prit les mains d'Anja dans les siennes. Plusieurs images revinrent alors à l'esprit d'Anja : l'attitude si souvent distante de sa chef, si souvent inauthentique, ses sourires plaqués, ses plaisanteries artificielles. Elle se remémora l'entretien d'embauche, le moment où la chef lui avait parlé de promotion et d'avancement. Et elle se souvint aussi de ce qu'elle disait tous les matins à son équipe : « Allez, les filles ! Maintenant on se met au travail ! » La phrase avait toujours quelque chose de forcé et rien de très motivant.

Ah, si au moins la chef (dont le visage était creusé de rides profondes engendrées par les difficultés de sa carrière) avait eu le courage de faire état des problèmes par quelques mots émouvants ! Ses employées lui auraient aussitôt marqué leur estime et leur respect. Elles auraient été motivées et se seraient préparées à faire face à des temps difficiles.

Mais en l'espèce, il ne faut pas être grand clerc pour deviner la suite : plus personne n'avait cru en cette chef qui n'avait pas su être « authentique ». Les quelques standardistes qui étaient restées mais qui avaient perdu toute motivation commençaient à envoyer des CV à droite et à gauche. D'autres se faisaient porter pâles car l'ambiance qui régnait désormais était celle de la loi de la jungle. Le président du conseil d'administration, le supérieur direct de la chef, se demandait, non sans raison, si cette dernière n'était pas surmenée, vu le chaos qui régnait dans son institut.

Et à peine six mois plus tard, elle qui a tout sacrifié pour sa carrière se retrouve seule dans son immense loft, assise devant quelques factures qu'elle est dans l'impossibilité de payer, sans comprendre encore pourquoi on l'a licenciée. Elle avale coup sur coup plusieurs gin tonics et ne cesse d'appeler son ex-mari, mais ce porc ne daigne même pas décrocher.

Tout va bien quand on est capable de simuler le naturel. C'est ce que savait déjà le diplomate italien Baldassare Castiglione qui écrivit, il y a plus de cinq siècles, *Le Courtisan*. Le personnage en question apprend, dans toutes les cours du monde, à se battre, à converser habilement, à se poudrer comme il faut et à séduire les dames. Il parvient à ses fins en faisant preuve de grâce, laquelle demande un véritable entraînement si l'on veut qu'elle paraisse authentique : « L'art véritable, écrit Castiglione, est ce qui semble exempt d'art ; et l'on doit employer toute sa diligence à le masquer. »

Il n'est rien de plus difficile que de suggérer l'absence de difficulté, rien de plus ardu que de mener une conversation sur un ton léger. Et rien de plus fatal que de ne savoir masquer son artifice par les signes d'un profond chagrin ou d'une profonde joie. Une seule chose est pire : montrer les signes d'une simulation ratée, rougir à contretemps, bégayer ou pâlir.

L'authenticité est une fleur à la boutonnière, car nul ne peut arriver à ses fins sans faire preuve d'esprit stratégique. Tel est le monde dans lequel nous vivons. Celui qui n'est pas à même de simuler par son pathos la sincérité, celui qui porte sur ses épaules la cuirasse de la dissimulation comme une armure trop visible, celui-là ne sera jamais aimé. La dissimulation atteint son acmé au moment même où elle semble abandonnée.

Autrefois les chefs étaient des patriarches dont le pouvoir ne connaissait pas de partage ; ils pouvaient piétiner leurs employés, se comporter comme des divas après une nuit trop arrosée ; ils pouvaient glapir dans le couloir pour rassembler leurs collaborateurs, et les secrétaires leur étaient dévouées corps et âme. Mais le méchant boss avec son gros cigare n'existe plus ; le vieux représentant colérique du capitalisme n'est plus qu'une caricature que l'on retrouve tout au plus dans quelques entreprises familiales. Aujourd'hui les patrons s'efforcent d'être objectifs, souples, gentils. Les mails envoyés aux différents collaborateurs regorgent maintenant de messages motivants, suite aux nombreux séminaires de management. On se tutoie au sein des équipes. Les portes en verre dépoli séparant les bureaux vitrés, qui ne permettent plus aucun repli, symbolisent une sérénité azuréenne. Et tout chef qui se respecte doit bannir les coiffures afro s'il veut passer pour sérieux.

Dans les réunions internes, les managers assurent avec un sourire aimable qu'ils ne procéderaient à aucun licenciement s'il n'y avait pas cette foutue concurrence venue de Chongqing, qu'ils ne fermeraient aucune usine s'il n'y avait pas cette baisse des cours de la Bourse. Ils ne parlent que des contraintes et des dépendances auxquelles ils sont eux-mêmes soumis et dont ils souffrent aussi. Leur piège : se montrer tout miel, afficher la bonne humeur d'une fausse élégance à l'anglo-saxonne. On fait des « évaluations », des « meetings », de l'« externalisation ». Mais que l'on se trouve confronté à une crise qui n'était pas prévue, et voilà que la main tremble ; la dissimulation ne peut plus être dissimulée et l'on perd son aura.

Qui veut faire carrière, qui veut rester le chef, doit se souvenir d'une chose : seule une personne capable de vraiment dissimuler, capable de simuler le naturel, la tristesse ou la fierté, est en mesure de séduire avec succès.

6

Savoir se montrer modeste

Quand nous sommes vraiment heureux, nous croyons que les autres, amis ou connaissances, collègues de travail ou membres de notre famille, se réjouissent autant que nous. Confrontés à un grand triomphe, nous sommes enclins à penser que serrer un homme heureux dans ses bras, c'est être soi-même un peu heureux. Grave erreur ! Tout comme il est erroné de faire l'impasse sur la jalousie des autres, l'un des sentiments les plus pernicieux qui soit mais très largement répandu. Tout le monde connaît la bousculade engendrée par un poste vacant, le regard glacial jeté sur notre appartement en raison de sa splendide terrasse, la jalousie manifestée parce que notre partenaire semble trop bien pour nous.

La jalousie n'engendre pas obligatoirement la souffrance. Elle est l'étalon secret de notre reconnaissance. Rien ne nous satisfait autant que de nous savoir enviés. Sauf que la jalousie est dangereuse, c'est l'aiguillon qui pousse les autres à nous faire descendre de notre trône, à nous faire glisser du soleil à l'ombre.

Comment réagir face à l'envie des autres ? Faire en sorte qu'elle puisse enfler sans nous porter préjudice.

L'autocélébration constitue une situation particulièrement délicate. Quand nous donnons une fête par exemple. Les fêtes sont souvent des lieux de drame. Seule exception : les anniversaires. Lors de ceux-ci, nous sommes totalement dépourvus de jalousie ou d'envie. Nous sommes même plutôt contents, joie maligne que nous dissimulons, de voir une année de plus peser sur les épaules de notre hôte. Le crâne se dégarnit un peu plus et laisse pointer la calvitie, des rides sont venues s'ajouter aux précédentes et des kilos ont encore épaissi la silhouette. Celui qui organise la fête remplit les verres d'un vin que l'on s'accorde à trouver bon. On rit, on trinque, tout le monde apprécie les amuse-gueules exotiques ; le seul bémol, comme toujours dans ce genre de fêtes, est le manque de fourchettes.

Il serait beaucoup plus sensé de célébrer une augmentation de salaire qu'un anniversaire. C'est de toute évidence un joyeux événement qui peut donner lieu à de vraies réjouissances : « Chers amis et collègues, j'ai l'honneur de vous inviter à la fête que je donne le 15 janvier. Mon supérieur a décidé de relever mon salaire de 3 500 euros à 3 800 euros. À cette occasion, je vous invite à vider quelques bonnes bouteilles avec moi. C'est une chose que je peux me permettre maintenant. »

Ce genre d'invitation est extrêmement rare. Nous, les enfants de l'éthique de la modestie léguée par la bourgeoisie, nous avons un instinct très sûr pour l'une des règles fondamentales de la vie sociale : les meilleures fêtes sont celles où il n'y a rien à célébrer. Les choses se corsent quand celui qui invite le fait pour un vrai motif. Et les motifs ne manquent pas.

Prenons l'exemple de ce coiffeur : il s'appelle Erik et il a une petite quarantaine. Après avoir été employé dans un salon pendant quelques années, Erik a décidé de se mettre à son compte. Son salon est certes petit mais un peu extravagant, et il est situé dans un quartier qui brasse agréablement différentes populations : anciens gauchistes, nouveaux riches, bobos et quelques étrangers aimables et pas trop pauvres. Avant l'ouverture, Erik organise une fête. Il a invité tous ses amis. Des collègues et des concurrents aussi. Quelques jeunes filles court vêtues embauchées pour l'occasion servent l'apéritif et proposent des plateaux d'amuse-gueules où l'on retrouve bien sûr les inévitables petites brochettes raisin-fromage. On trinque, on s'extasie : vraiment réussie, cette peinture vert tendre sur les murs ! Et cette énorme machine à espressos flambant neuve qui brille de son éclat métallique ! « Erik s'est vraiment mis en frais », dit un collègue en lui tapant vigoureusement dans le dos, le faisant quasiment étouffer avec sa brochette. Et tous de rire de bon cœur.

Presque tout le monde s'accorde sur le fait que le piano installé dans un coin sous une lumière tamisée est un peu exagéré. Les invités qui inspectent le salon roulent en tout cas des yeux de comploteurs. Erik dit qu'il va engager tous les samedis un pianiste pour créer une ambiance originale. Ce qui importe, c'est que le passage chez le coiffeur soit vécu comme un véritable petit événement.

Comment va devoir se comporter Erik pour que cette fête soit le plus possible à son avantage ? Il est persuadé que son entreprise est un succès et ne court pas un bien grand risque dans la mesure où il a récemment fait un héritage assez important. Mais ça, personne ne le sait. En plus il est persuadé, non sans raison, qu'il est l'un des meilleurs coiffeurs de la ville. Non parce qu'il a une maîtrise particulière mais parce que les clientes apprécient sa conversation. Erik est toujours très bien informé : quels sont les jardins d'enfants les plus novateurs dans le quartier ? Où est-ce qu'on peut trouver les meilleurs cours de yoga ? Quelles épiceries fines sont véritablement bio ? Etc. Avant même l'ouverture de son salon, il a déjà des rendez-vous pour presque deux semaines.

Durant sa fête, Erik ne fait bien sûr pas trop le modeste avec des phrases du genre : « Oh, ce n'est qu'un petit salon ! » Ou bien : « Vous savez, je ne sais pas aussi bien couper les cheveux qu'on le dit. » Personne ne le croirait, et l'on dirait partout : « C'est un faux modeste ! »

Mais il serait encore pire de parader et de clamer en toute honnêteté : « Mes amis, je suis le plus grand ! »

Ce qui serait bien, c'est qu'Erik se montre plein d'espoir. Qu'il parle d'un grand challenge, dise qu'il prend évidemment des risques en se mettant à son compte. Qu'il aborde ouvertement quelques-uns de ses soucis : les crédits nécessaires pour financer tout ça, les problèmes qu'il a eus avec l'administration. Qu'au bout du troisième verre, il demande même à ses collègues, avec un certain scepticisme, s'ils trouvent que l'emplacement de son salon est vraiment bien choisi. On s'empresserait de le rassurer par toutes sortes d'arguments. « Ah, comme tout cela est excitant », finirait par dire notre coiffeur en trinquant avec ses invités d'une main hésitante. On lui souhaiterait bonne chance. De tout cœur.

Cette modestie de bon aloi devrait permettre à Erik de faire croire à ses concurrents qu'il va traverser une période difficile. Du moins dans les premières années. Ses amis lui diraient alors qu'ils seront toujours là pour le soutenir. Ils sont même prêts à venir faire du baby-sitting pour les décharger, lui et sa femme (qui s'est mise elle aussi à son compte comme kinésithérapeute), afin qu'ils puissent supporter tout ce stress des débuts et « s'en sortir ».

Car effectivement ils « s'en sortent ». Au bout de six mois à peine, les collègues d'Erik se rendent compte qu'il a maintenant plus de succès qu'eux. Même les clients de leur quartier commencent à leur faire faux bond pour aller se faire coiffer chez lui. Et tous les samedis, comme prévu, on peut écouter les improvisations d'un jeune pianiste aux longs cheveux blonds. Les femmes surtout apprécient. Tout en présentant d'un ton un peu solennel son pianiste et en commençant sa coupe, notre coiffeur explique à ces dames, de sa voix de fumeur agréablement voilée, où elles peuvent trouver les meilleurs aliments pour leur progéniture.

Si les collègues d'Erik ne l'avaient pas sous-estimé avec autant de désinvolture lors de sa fête d'inauguration, ils se seraient dépêchés de lui faire de la concurrence directement dans sa rue. Maintenant il est trop tard. Leur jalousie ne cesse d'empirer, mais notre coiffeur est désormais hors de danger. Ses rivaux recourent maintenant eux aussi aux services d'un jeunot qui joue du piano mais voilà, ça fait un peu imitation. En plus, ils l'embauchent à la semaine, ce qui n'est pas du tout rentable pour eux. Et ils le comprennent trop tard. Notre coiffeur se frotte les mains face à cet immense fiasco. Il est plus content que jamais. Porté par son succès, il a même presque réussi à surmonter son problème d'alcool qu'il s'était bien gardé de divulguer à quiconque.

Ce qui importe, au début de toute entreprise, c'est d'être sous-estimé. Qui sait se montrer agréablement modeste ne fait que suivre un vieux précepte que le moraliste François de La Rochefoucauld avait déjà observé dans toute sa bassesse au XVIIe siècle ! « La modestie, écrit-il, est une vertu que l'on apprécie surtout chez les autres. » On la met volontiers en scène car on est à peu près certain de son succès, mais en secret on reste bien sûr d'une incroyable vanité, conformément à la nature humaine.

P-S. Comme beaucoup soupçonnent la modestie de n'être souvent qu'une simple mise en scène, on entend rarement le compliment suivant : « Comme il est modeste ! » Ce serait presque une moquerie. On préfère dire « Il a gardé les pieds sur terre » pour signifier : « Le succès ne lui est pas monté à la tête. » Mettre en scène cette attitude est en effet toujours avantageux. Il y a tout de même suffisamment de gens pour y croire.

P-P-S. Celui qui a indubitablement du succès aux yeux de tous devrait changer de stratégie. Il devrait tout faire pour être surestimé, et non plus sous-estimé. Car cette dernière opinion est devenue vide de sens. Celui qui a du succès devrait désormais s'entourer d'un halo de mystère. Cela tient à distance ses adversaires.

7

Ne jamais se montrer parfait

Constatant de quelle façon un poste avait été pourvu dans le département d'études romanes où il enseignait, un professeur déclara un jour, non sans colère : « Les collègues médiocres embauchent toujours des gens encore plus mauvais qu'eux. Ceux qui sont vraiment bons cherchent toujours à recruter des gens meilleurs qu'eux. »

Lui-même très bon enseignant, il était furieux que la majorité du conseil se soit mise d'accord sur le nom d'un candidat sans aucune envergure. Celui qu'il avait soutenu, un collègue brillant, avait été refusé sous prétexte qu'il était arrogant et allait mettre en péril la paix qui régnait dans cet institut, sans compter que ses recherches n'étaient guère compréhensibles.

Ce très bon professeur, spécialiste reconnu de littérature française du XIXe siècle, partit quelques mois plus tard dans une autre université, tellement l'attitude de ses collègues l'avait excédé. Le ministère décida de ne pas pourvoir son poste et l'institut dégringola de la neuvième à la dix-septième place dans le classement publié chaque année dans les grands magazines. Si bien que les étudiants commencèrent à déserter cette faculté autrefois bien cotée.

Combien d'instituts et d'entreprises périclitent à cause de la jalousie de collègues médiocres ! Ils sont bien moins rares que l'on ne croit, ceux qui, devinant leur propre médiocrité, redoutent que leur faiblesse soit étalée aux yeux de collègues plus compétents et font alors tout pour ne pas donner la moindre chance à ces derniers.

Lors d'un entretien d'embauche, le plus grand danger – et c'est là le côté pervers de la chose – n'est pas de faire mauvaise impression mais au contraire trop bonne impression. Il faut à tout prix éliminer tout signe d'« arrogance », laquelle n'est souvent rien d'autre que l'appréciation réaliste de sa propre supériorité. Le meilleur moyen d'obtenir un poste, c'est de savoir faire état d'une ou deux faiblesses soigneusement préparées. Et surtout de ne jamais faire apparaître le manque d'assurance de l'autre ! Il est préférable de se montrer en position de faiblesse, même à rebours de la conscience de sa propre valeur.

Une question revient régulièrement dans tous les entretiens d'embauche : « Quels sont à votre avis vos points faibles ? » Cette question vise à savoir si le candidat a une saine appréciation de sa propre valeur. Il serait très avisé de répondre que l'on est parfois un peu trop « impatient ». Cela montre à la fois que l'on n'est pas dépourvu d'ambition, que l'on réfléchit vite, tout en révélant la parfaite conscience qu'une affirmation trop marquée de ce défaut pourrait nuire.

Une femme avait posé sa candidature à un poste de créatrice dans une entreprise fabriquant des T-shirts. Le début de l'entretien fut consacré à l'objectif prioritaire de l'entreprise, qui était de vendre autant de T-shirts que possible avec des inscriptions aussi drôles que possible. Le département marketing pour lequel elle avait posé sa candidature était chargé d'imaginer des slogans. Durant l'entretien, on lui montra le modèle phare de la marque, qui portait l'inscription « *I prefer sex to gender* » ; la candidate acquiesça d'un air entendu, avec un sourire plein de finesse. En un mot, tout se passait à merveille. On aborda même la question du salaire et l'on considéra que ses prétentions n'avaient rien d'exorbitant. Puis arriva l'inévitable question posée par la directrice des ressources humaines : « Quels sont à votre avis vos points faibles ? »

La candidate hésita un instant avant d'éclater de rire. Elle dit que la question était vraiment trop marquée par les clichés pour qu'elle soit en mesure de répondre qu'elle était parfois impatiente. Et elle demanda à son tour à la directrice des ressources humaines si elle s'était fait conseiller par un cabinet de consultants pour préparer cet entretien. Elle récolta un silence glacial de la part de ses interlocuteurs. On la remercia avec une politesse affectée et on ne lui renvoya même pas son dossier de candidature.

Quand on est intéressé par un travail, on ne devrait jamais perdre le contrôle de soi. Même celui qui n'a aucune idée de ses défauts devrait répondre : « Je suis parfois trop impatient. » On peut même s'exercer devant une glace pour que la réponse ne fasse pas trop artificielle.

Il convient aussi de ne répondre qu'après une courte pause à la question : « Quels sont à votre avis vos points faibles ? » Petite pause destinée à montrer que l'on réfléchit. Et cette réflexion suggère l'intelligence et la pertinence de la question, ce dont celui qui la pose ne peut qu'être flatté. En plus, cela montre que l'on cherche une vraie réponse. Il convient de répondre au bout d'un bref moment, avec une certaine gravité, que l'on est parfois un peu trop impatient mais que l'on s'efforce de remédier à ce défaut.

Car il n'y a rien que les chefs aiment tant que de petites hésitations. Si l'on sait les simuler sans exagération, elles font beaucoup plus d'effet qu'une assurance totale, généralement considérée, même à tort, comme une façon de se surestimer. Un petit rougissement ne peut pas faire de mal non plus. Même une phrase grammaticalement imparfaite à cause du stress apparent n'est pas un handicap, pour autant que le propos reste nettement compréhensible.

Au bout du compte, les recruteurs en arrivent à la conclusion que le candidat n'est justement pas lisse et parfait. C'est cet aspect un peu hirsute qui le rend vraiment sympathique. Et notre candidat obtient finalement le poste. Car l'intelligence, c'est justement de savoir parfois cacher son intelligence.

8

Savoir utiliser le bon moment

Où que l'on soit, quoi que l'on fasse, l'important est de saisir le bon moment. Avouer son amour trop tôt met en fuite la personne désirée. Hésiter trop longtemps finit par lasser la personne adorée – c'est pareil : à éviter absolument. Mais comment savoir à quel moment saisir l'opportunité ?

Imaginez : vous entrez dans la quarantaine, vous êtes une femme dans toute l'assurance de la maturité et vous possédez une beauté encore épanouie tous les jours confirmée par les regards que vous jettent à la dérobée les hommes dans le tram. Votre dernière relation vous a totalement usée ; vous vous êtes épuisée à trouver des solutions à des problèmes qui n'en avaient pas. Cela fait des années que tous vos amis se doutaient que cette relation tirait à sa fin. Mais vous vous acharniez, au rebours de toute raison. Car en dépit des altercations, n'y avait-il pas encore une lueur d'espoir ? Une chose est sûre : c'était un homme triste, et beaucoup trop compliqué, doté d'une forte tendance à ressasser les questionnements existentiels après avoir signé deux romans largement ignorés par les lecteurs et restés un moment dans les coins inaccessibles des grandes librairies. Ils ont ensuite purement et simplement disparu de la circulation, comme s'ils n'avaient jamais été écrits. Les critiques avaient été blessantes, on diagnostiquait un « style maniéré », et du dernier livre on avait même dit que « le monde n'en avait vraiment pas besoin ».

Après ces deux échecs, l'humeur de votre ami était devenue plus que sombre. Il ne se lavait plus et, pareil à un zombie, déambulait dans l'appartement en traînant les pieds, taraudé par une inquiétude rampante, avalant des spaghettis froids et s'abreuvant dès midi de vin médiocre. Et vous ? Dieu sait que vous avez essayé de le soutenir ! Toujours et encore. Comme si vous, maquettiste à succès d'un grand magazine de mode, étiez Mère Teresa ! Oui, voilà comment vous vous sentiez : la mère de toutes les mères. Comme vous l'avez détesté, en dépit de toute votre pitié ! Votre meilleure amie parlait de « codépendance », disant que vous étiez accro à cet homme « comme une toxico à l'héroïne ».

Et puis il y a eu ce long week-end à Dresde ; vous vous êtes retrouvés avec cet homme déserté par le succès, étroitement enlacés devant la Frauenkirche. Il tombait une pluie fine, c'était beau ; entre vos visages, juste l'oblique crayonné de la pluie. Vous vous moquiez des passants engoncés dans leur gros manteau qui tournaient autour de votre complicité comme de lointaines planètes. Et la nuit, à l'hôtel, après une si longue période de disette, vos bras et vos jambes se sont à nouveau entrecroisés. Vous vous dites aujourd'hui que jamais vous ne l'auriez quitté sans ce bonheur éprouvé à Dresde. Car, à peine revenu dans l'appartement que vous partagiez, il s'est remis à boire sa bibine et à manger ses spaghettis froids. Une fois de plus, les conversations ont tourné autour du manque de reconnaissance dont il était victime ! Son talent méconnu ! La souffrance de ces longues nuits passées à écrire péniblement des romans que personne n'achetait. Ah ! Cette façon exaltée de tourner à nouveau autour de ses problèmes ressemblait à un adultère, à l'abolition de toute espérance.

Et maintenant, après cette relation de six ans et la phase de deuil qui a suivi (durant laquelle vous avez à votre tour cédé à l'alcool, même s'il était de bien meilleure qualité), vous vous retrouvez un peu sur la touche quant aux choses de l'amour.

Mais il y aurait peut-être une opportunité ! Celui-ci, vous avez fait sa connaissance il y a quelques jours lors d'un vernissage et vous avez même bu trois cocktails, tant la conversation était stimulante. Un homme de votre âge. Présentable. Durant cette discussion, il lui est revenu spontanément un aphorisme de Nietzsche : « Abondance de louange embarrasse les uns et embrase les autres. » Quant à sa calvitie conquérante, elle avait de quoi subjuguer ses amantes.

Il est peintre. Encore un artiste. Vous avez vraiment un faible pour ce genre d'homme, mais il a l'air vraiment bien dans sa tête et connaît aussi un certain succès avec ses tableaux. Il ne joue pas vraiment en première division mais son grand tableau à la fois sombre et surréel représentant un bœuf sur une plage a su attirer les appréciations positives de quelques galeristes et autres critiques, comme vous avez pu le voir sur Google.

Lors du deuxième rendez-vous, il vous attend déjà et vous prend votre manteau tout en glissant une petite plaisanterie, avant de commander deux apéritifs, sur un signe d'acquiescement de votre part. L'endroit est beau, bien fréquenté, vous ne le connaissiez pas : des petites tables sur lesquelles on peut se pencher pour se dire des choses intimes ; des serveurs italiens plus vrais que nature, une décoration pas trop chic, presque un peu rustique, à rebours de l'air du temps, et c'est ce qui fait son succès.

Vous trinquez : « À cette soirée. » Vous parlez de votre travail qui vous coûte tant d'énergie, vous êtes responsable d'une grande opération qui va complètement révolutionner l'univers des magazines de mode, et si vous n'étiez pas entourée de collègues incompétents, les choses avanceraient beaucoup plus vite.

Il vous interrompt brièvement avec une mâle assurance en vous regardant calmement droit dans les yeux et vous dit sur un ton presque solennel que vous êtes une femme merveilleuse. Cela vous plaît. Vous baissez un instant les yeux vers la nappe mais pas trop longtemps et sans y mettre de distance, avant d'orienter la conversation vers sa peinture, pour ne pas trop laisser croire que votre vanité est flattée. Vous lui dites que vous êtes allée voir sur Internet son fameux tableau avec le bœuf et que… – c'est difficile de l'exprimer avec des mots, mais si vous pouviez, si vous osiez – bon…, enfin…, il en émane une force mélancolique qui attire et fascine de façon véritablement étrange.

Bref, l'heure avançait. Et après le *lemoncello* offert par la maison, après que vous vous êtes délectée de toutes sortes de mets sur lesquels vous n'avez pas tari d'éloges en complimentant le personnel, vous avez eu la certitude qu'il vous était permis de saisir l'occasion et, du bout de votre chaussure, vous avez, non sans habileté, frôlé sa jambe comme par mégarde, puis vous vous êtes penchée au-dessus de la table, offrant aux quelques clients encore présents le spectacle d'un long baiser langoureux digne d'une photographie.

Deux jours après la nuit d'ivresse qui s'ensuivit, vous êtes toujours sans nouvelles de votre peintre mais la chose ne vous inquiète pas outre mesure. La tactique du repli fait partie du jeu dans ce genre d'affaire. Ce n'est qu'au bout du troisième jour, après une violente prise de bec au sein de la rédaction, que vous vous faites du souci et que, bien qu'un peu dépitée car vous auriez espéré qu'il se manifeste le premier, vous lui envoyez un SMS plein d'une bonne humeur affichée et se terminant sur la perspective de se revoir bientôt.

Il ne répond que le lendemain après-midi : « Oui. Mais beaucoup de stress en ce moment. Ferai signe la semaine prochaine. Biz ! »

Un peu décevant tout ça, vous avez bien dû vous l'avouer, mais vous vous souveniez vaguement que, au cours de ce fameux dîner, il avait dit qu'il traversait une période difficile dans sa peinture ; certainement, il n'allait pas très bien. On peut le comprendre, vous aussi vous avez parfois des jours où vous n'avez aucune envie de mettre le nez dehors. Certes il vous a somme toute laissé une impression d'équilibre, mais si vous vous souvenez bien, il y avait quand même toujours dans ses yeux une sorte de désir insatisfait qu'il était difficile de cerner. C'est pourquoi vous avez attendu quelques jours de plus avant de vous manifester par un nouveau SMS resté cette fois sans réponse.

Il faut la remarque de votre meilleure amie (vous étiez alors d'une humeur massacrante) pour que vous vous rendiez à l'évidence : « Mais enfin ! vous dit-elle au téléphone, arrête de faire toujours la même erreur ! Il est beaucoup trop compliqué pour toi ! » La chose ayant été dite avec un certain élan, elle avait fait effet.

Alors qu'au travail votre opération de relance se traînait péniblement d'une phase décisive à l'autre, on se mit à parler dans les journaux du nouveau livre de votre ex et il fut bientôt question d'un « succès littéraire prenant tout le monde de court ». Peu de temps après, vous avez vu que le petit ouvrage – il n'avait jamais été un graphomane – se trouvait sur la liste des best-sellers. À la septième place ! Un soir, dans une émission culturelle – vous vouliez en fait juste vous relaxer après le travail –, on a passé un reportage intimiste sur votre ex-ami ; vous avez pu le voir dans son appartement répondre aux questions de façon aussi exhaustive qu'amusante. Il y eut deux cadrages où son amie apparut dans le plan. Vous n'étiez pas au courant. Elle avait l'air jeune.

On ne peut pas dire que vous ayez bien dormi cette nuit-là. Vous êtes restée éveillée dans le lit, incapable de refouler diverses pensées, jusqu'au moment où vous vous êtes rendu compte, non sans effroi vu qu'une longue journée de travail vous attendait, que c'était déjà le matin.

Ah ! Vous aviez pourtant tout fait comme il fallait : vous aviez quitté votre ami au moment où l'amour avait disparu ; vous aviez convoité un autre homme que vous aviez séduit dans les règles de l'art. Et pourtant votre histoire se terminait mal. Votre nouvel homme semblait malheureusement plus compliqué que prévu. Tout cela était la faute de Kairos, le dieu grec de l'Instant favorable, qui révèle rarement si les occasions qu'il donne aux humains sont bénéfiques. Kairos a des ailes à l'arrière des pieds. À en croire le mythe, il serait incroyablement puissant, imprévisible et volerait comme le vent.

Ce qui importe toujours, c'est de repérer et de mettre à profit le meilleur moment possible : attaquez trop tard, et votre adversaire aura déjà repris du poil de la bête ; envoyez un mail dans un moment de colère, et il aura des suites désastreuses ; parlez alors qu'il vaudrait mieux écouter, et vous commettrez une très grande maladresse. Tout cela peut s'apprendre. Savoir saisir une occasion amoureuse dans un petit restaurant demande un apprentissage. Mais l'occasion en elle-même reste toujours le fruit du hasard. Et personne n'est en mesure de dire si elle sera opportune et apportera du bonheur, même si on ne la laisse pas passer. Elle impose une limite amère à l'art de la dissimulation.

9

Les personnes dont on devrait se méfier

Vous avez déjà été invité par deux fois à vous glisser dans la peau d'une autre personne : celle d'une femme d'une quarantaine d'années et celle d'un homme maîtrisant l'art de repousser en douceur les femmes amoureuses. Cette méthode a été employée à dessein pour mieux vous faire toucher du doigt ce qu'est l'art de la dissimulation : celui qui se dissimule est comparable à la divinité marine Protée, capable de se transformer en lion, en serpent, en léopard, en sanglier, en eau ou en arbre. Celui qui se dissimule est capable d'endosser le caractère de l'autre, d'adopter les désirs de son adversaire, son identité sexuelle, de se glisser dans la vie de ses concurrents. Et, si la nécessité le commande, il est capable de prendre leur rôle, comme un acteur qui, dans l'ivresse de la création de son personnage, n'est plus reconnaissable comme personne privée.

L'art de la dissimulation est pareil à la lecture quand nous nous laissons entraîner, pareil à l'amour quand nous croyons voir le monde à travers les yeux de l'autre.

Nous avons déjà vu différentes stratégies : comment tenir à distance des amoureuses transies ; comment adopter un visage véritablement abattu ; pourquoi il est parfois beaucoup plus avisé de se taire plutôt que de parler ; pourquoi on a tout intérêt à contrôler ses émotions. Nous savons qu'il faut saisir le bon moment, contrôler nos affects, et garder toujours nos intentions cachées. Même si nous sommes parfois obligés de constater qu'un méchant hasard peut venir contrecarrer nos plans.

Nous avons autant considéré la vie privée que la vie professionnelle, vu que les deux sphères se recoupent parfois. Grâce au téléphone portable et aux mails, nous sommes sans cesse joignables pour nos employeurs, et certains ont tellement intégré ces nouveaux moyens de communication qu'ils lisent même pendant le week-end leurs mails professionnels et ne se font pas grande violence pour répondre dans ces moments-là à un appel de leur chef ou à un de ses SMS tout aussi urgents. Inversement, pendant nos moments de travail, nous sommes toujours disponibles pour nos amis, notre partenaire ou nos parents qui se sont tous habitués depuis longtemps à ce qu'il n'existe plus vraiment de frontière entre les moments de loisirs et les moments de travail : « Je sais que tu es occupé, mon fils, mais dis-moi : est-ce que tu viens manger à la maison ce week-end ? » Ou bien : « Mon chéri, est-ce que tu pourrais acheter du *pesto* en revenant du travail ? Merci ! »

Nous n'avons fait que suggérer jusqu'à présent contre qui il faut nous armer lorsque nous dissimulons. Qui peut vraiment être dangereux pour nous ?

Naturellement, nos concurrents immédiats dans la vie professionnelle et nos rivaux ou nos rivales quand il s'agit de séduire une femme ou un homme.

Les concurrents veulent nous éliminer, mais leur envie ne se présente souvent que sous la forme voilée de la dissimulation, en raison des règles imposées par la civilisation, qui endiguent nos pulsions. Ils ne cherchent pas à nous étrangler, mais cela ne les rend que plus invisibles. Et bien plus dangereuse encore que leur haine pure est leur flatterie. Confronté à une trop grande gentillesse, il convient d'être toujours sur ses gardes.

Il y a des individus que nous devons tout spécialement avoir à l'œil quand nous entrons en concurrence avec eux. Les gens les plus dangereux et qui excellent dans l'art de la dissimulation se sont hissés vers les hauteurs avec une patience têtue, certains de devenir un jour, contre toute vraisemblance, président de la République ou chancelier. Car, et c'est un grand avantage pour eux, ils ne cessent de porter un regard étranger sur une société qu'ils ont conquise mais dans laquelle ils n'ont pas grandi sans y prêter attention. Ils sont beaucoup mieux à même de percevoir les nuances de comportement que ceux qui n'ont jamais vécu autrement.

Le sociologue Georg Simmel a une expression pour désigner celui qui comprend aussi bien la société, il l'appelle « l'étranger qui reste ». « L'étranger qui reste », ce peut être la pièce rapportée, l'arriviste, celui qui est complexé par son physique ou qui a récolté des quolibets durant son enfance. À cause d'un handicap quelconque, difficulté d'élocution, boiterie, ou en raison de son origine, il est toujours resté marginal, et il a appris à manier la sournoiserie en observant son entourage.

Tel un naturaliste qui se penche sur une fleur et l'observe avec attention, « l'étranger qui reste », toujours plus ou moins à l'écart, perçoit les plus infimes vaisseaux qui irriguent l'humanité. Vous pouvez vous estimer heureux si vous êtes l'un d'eux. Si tel n'est pas le cas, il vous faut, comme Protée, mettre votre masque.

Ce n'est pas un hasard si les plus grands artistes de la dissimulation que l'on rencontre dans la littérature, comme ce grand intrigant de Richard III chez Shakespeare, sont très laids. Mais le destin a transformé ces personnages d'abord mis à l'écart en subtils observateurs de leur milieu. Ils ont fait de leurs faiblesses des armes et de leurs fragilités des avantages. Georg Christoph Lichtenberg, aphoriste de l'époque des Lumières, petit et bossu, a dit : « Dès que quelqu'un a une infirmité, il possède une opinion qui lui est propre. » Pâris, ce magnifique lâche de l'Antiquité, qui comprend si bien les femmes, est loin d'être un costaud. Il vient à bout d'Achille, le fier guerrier, en ayant recours à une ruse et en lui donnant un coup sournois au talon ; s'il l'avait défié dans un combat loyal, il se serait fait écraser.

Certains philosophes ont affirmé que le désir effréné de dissimulation des hommes venait en fait de leur infirmité physique. Les humains, n'ayant ni cornes ni crocs, se sont servis de flèches empoisonnées. Au lieu de recourir à la violence brutale, ils ont utilisé des pièges où venaient se prendre inextricablement des victimes pourtant bien plus fortes qu'eux. Nous en portons encore la marque aujourd'hui : en effet, ce que nous devons redouter, ce ne sont pas les griffes acérées qui peuvent nous déchirer mais les mensonges répandus sournoisement par ceux qui semblent inférieurs. Voilà ce qu'est la civilisation, dit à peu près Nietzsche.

P-S. Baltasar Gracián a cerné un autre groupe d'individus dont on devrait aussi grandement se méfier. Il nous donne ce conseil : « Surtout ne pas se commettre avec les gens qui n'ont rien à perdre. » Ceux-là peuvent en effet se départir de toute prudence et nous attaquer avec une violence brutale, sans se soucier que cela leur porte tort ou non. Qui n'a rien à perdre se situe en marge de la civilisation. Heureux qui ne croise jamais son chemin.

10

Savoir s'excuser

Aucune stratégie ne doit être trop appuyée, aucun art devenir trop visible. Il est par exemple fort malvenu de trop s'excuser. Il y a des gens qui passent leur temps à s'excuser. Un soir, ils s'en prennent brutalement à quelqu'un, vont jusqu'à l'offenser, et dès le lendemain ils téléphonent et, la voix contrite, se répandent en excuses. Ils prétendent avoir un peu trop bu. Ils ne pensaient pas ce qu'ils ont dit ni, bien sûr, que celui qu'ils ont traité d'« imbécile » et de « menteur » la veille en était un. Ils sont vraiment gênés ; ils ne voulaient pas dire ça, et ils demandent qu'on leur pardonne. C'est une chose à décider au cas par cas.

À partir d'un certain stade dans une relation amoureuse, la phase des excuses devient inévitable. Cette phase englobe la dispute violente et récurrente qui se termine par une réconciliation. On dit alors : « Je suis désolé, ma chérie, je ne voulais pas crier aussi fort.
– Oui, mon cœur, je comprends que tu aies pu être blessé par cette phrase sur nos relations sexuelles qui

ne sont pas brillantes depuis quelques années. En plus, c'est faux ! – Si j'ai insinué que tu avais grossi, je le regrette. Surtout que ça ne me dérange vraiment pas. Je trouve même que ça te va bien ! »

À peine trois jours plus tard éclate une nouvelle dispute et c'est encore une fois un cortège d'excuses qui accompagne la réconciliation. Les choses peuvent durer ainsi un bon moment jusqu'à un point de non-retour où il est trop tard pour se réconcilier car on est fatigué de toujours se disputer. En effet, quand arrive la phase des excuses, cela veut dire que le splendide vaisseau de l'amour qui scintillait autrefois au soleil est maintenant cerné par de lourds nuages qui ont bien du mal à se dissiper. Voilà pourquoi la première règle en matière d'excuses est la suivante : ne pas provoquer de situation qui pourrait ensuite en nécessiter. Ne pas se mettre trop en colère et ne jamais parler à tort et à travers.

Si l'on commet un grave faux pas, on peut toujours dire qu'il y a eu malentendu. On a été mal compris. C'est ce qui s'est passé une fois en 2007 sur le plan politique. Le vice-président du Bundestag, Wolfgang Thierse, a eu un jour ces mots à propos de l'ex-chancelier Helmut Kohl : « Laisser sa femme toute seule dans le noir à Ludwigshafen, comme l'a fait Helmut Kohl, ce n'est pas la solution idéale. » Thierse essayait d'expliquer la décision du vice-chancelier Franz Müntefering, qui se retirait de la scène politique à cause de la maladie de sa femme. Hannelore Kohl, l'épouse de l'ancien chancelier, qui souffrait d'une grave allergie à la lumière durant le mandat de son mari, s'était suicidée.

Cette phrase peu flatteuse pour l'ancien chancelier permit à l'opposition de monter au créneau et de faire état de son indignation. Ce genre de phrase est toujours une aubaine pour certains qui ne se font alors pas faute de l'utiliser. Thierse commença par dire qu'on l'avait mal compris et qu'on avait sorti la phrase de son contexte. Mais comme l'indignation ne faiblissait pas, il décida de s'excuser de façon appuyée. Et Helmut Kohl eut la satisfaction d'entendre dans l'hémicycle son vieil adversaire politique lui présenter ses excuses.

La seconde règle en matière d'excuses est la suivante : peu importe qu'une phrase ait été reprise telle quelle ou un peu modifiée ; à partir du moment où elle circule on ne peut plus la reprendre. Le seul moyen d'en finir, même si c'est difficile, c'est de passer aux excuses franches et directes.

Mais il y a aussi des excuses qui peuvent servir. Supposons par exemple que vous soyez un vigneron très célèbre et très riche. Votre physique puissant et votre taille un peu râblée vous vont à merveille. Votre riesling du Palatinat est un vin rare et très recherché par les grandes tables. Un jour, l'un de vos apprentis, un freluquet à la barbe naissante, renverse par mégarde une bouteille de ce nectar. Cela se passe au cours d'une de ces dégustations que vous organisez régulièrement pour de très riches hommes d'affaires. La bouteille tombe si malencontreusement qu'elle se brise sur la table et que son contenu vient éclabousser le corsage de l'épouse d'un grand éditeur. Elle fait un bond en arrière en poussant un cri.

Vous vous montrez d'abord indulgent avec votre apprenti, vous secouez la tête, vous vous empressez de vous excuser auprès de la dame, qui est soudain entourée d'un essaim d'apprentis apportant des mouchoirs et qui sait faire face à la situation avec aplomb et même un brin d'humour. Un peu plus tard, au moment de partir, elle ira jusqu'à dire qu'on ne s'ennuie pas chez vous, elle vous embrassera avec effusion sur les joues, et vous rirez ensemble de cette mésaventure.

Mais une fois tout le monde parti, vous tirerez votre apprenti par la manche et vous lui demanderez ce qu'il lui a pris d'être aussi maladroit, s'il est trop bête pour servir correctement les clients. Vous espérez que cela ne se reproduira plus, sinon il pourra retourner vite fait dans son Kazakhstan natal garder ses chèvres et ses moutons.

Votre apprenti, qui est effectivement kazakh et dont les parents sont venus s'installer dans le Palatinat, bredouille quelques excuses mais vous remarquez, non sans une certaine inquiétude, un éclair de fierté blessée dans son regard penaud. Vous n'auriez pas dû sortir cette histoire de Kazakhstan, de chèvres et de moutons ; vous y êtes peut-être allé un peu fort avec ce mouvement de colère qui se voulait en fait simplement pédagogique. Vous savez en effet que la relève que vous êtes en train de former a sa part dans les merveilleuses aptitudes du vigneron que vous êtes et qui connaît la réussite. Il se pourrait que ce petit employé, loin d'être bête et qui va sûrement faire carrière, vous mette un jour des bâtons dans les roues. C'est ainsi que, deux jours plus tard, vous lui dites que vos paroles ont dépassé votre pensée ; vous trouvez qu'au fond il fait plutôt très bien son travail et qu'il est sûrement promis à un grand avenir. Mais il faudrait quand même que la prochaine fois – vous dites cela avec un sourire – il manie les bouteilles avec plus de modération. Sur quoi vous sortez votre sourire de grand-père qui pardonne tout, et vous lui tapotez gentiment l'épaule. L'apprenti vous porte désormais une admiration encore plus grande que précédemment.

Il pense même que la blessure d'amour-propre qu'il a éprouvée quand vous l'avez sermonné était peut-être un peu exagérée. Pourquoi faut-il qu'il soit toujours aussi susceptible ? En fin de compte, la colère que vous avez manifestée était bien légitime. Et il se promet de faire plus attention lors de la prochaine dégustation.

Troisième règle en matière d'excuses : les gens qui se trouvent rarement en situation de devoir s'excuser augmentent encore leur prestige par une excuse bien sentie. Présenter ses excuses peut parfois être un signe de magnanimité. Surtout si vous donnez l'impression que celles-ci n'étaient pas absolument nécessaires. Elles apparaissent alors comme un geste généreux répondant à des exigences exagérées. Il est possible que vous ayez blessé des gens. Mais ces derniers ont maintenant, à tort, mauvaise conscience vis-à-vis de vous.

11

Donner parfois l'impression d'être blessé

Être blessé par un acte ou une parole n'est guère utile. En donner l'impression sert bien davantage. Rien ne lie en effet mieux un être humain à un autre que sa mauvaise conscience. Et savoir la provoquer relève du grand art.

Lorsque le téléphone se mit à sonner, Stephan eut un instant d'hésitation, ne sachant s'il devait répondre ou non. L'écran n'affichait aucun numéro ; il avait été masqué, et il se doutait déjà que sa mère devait être à l'autre bout du fil, attendant qu'on lui fasse la conversation. Il ne se trompait pas. Elle était égale à elle-même, entrecoupant ses propos plaintifs et parfois accusateurs de « Ah ! là là ! » et de « Mais qu'est-ce qu'on va faire ? ». « Ah ! là là ! C'est ton père. Il ne va pas très bien. Il passe son temps assis dans le fauteuil du salon, sans dire un mot. Ça n'a jamais été pire. Il est d'humeur plus sombre que d'habitude. Il se lève simplement pour aller à la cuisine et prendre un morceau de fromage ou une bière. »

Stephan savait ce qui allait immanquablement suivre dans le discours de sa mère : la mise à la retraite anticipée de son père, qu'elle avait déjà abordée dans moult conversations téléphoniques. Elle commençait par parler de la brillante ascension de son père à la Poste, à l'époque, dans le bon vieux temps, « quand on se saluait encore entre voisins ». Puis venait l'épisode de la séparation du Téléphone et de la Poste où le père de Stephan avait conservé encore pendant quelques années, pour des raisons de rationalisation, un emploi administratif devenu pourtant totalement inutile, jusqu'à ce qu'on le presse de prendre une retraite anticipée qui n'avait eu que peu d'incidences financières.

« Tu connais ton père, disait la mère, il reste là à se morfondre et à broyer du noir. » Elle se faisait du souci, sans compter qu'il avait toujours ce problème de reins. En fait il faudrait aller en justice une bonne fois pour toutes, avec cette histoire de retraite anticipée. Mais ça ne servirait sans doute à rien.

« Prenez quelques jours ! lui dit Stephan. Allez à la mer ou à la montagne. Autrefois vous faisiez beaucoup de marche ! »

Il avait déjà avancé plusieurs fois cette proposition, qui avait toujours reçu la même réponse : « Ce n'est pas possible. » Sa mère ne supportait plus les longs trajets en voiture à cause de son mal de dos. Et le train était hors de prix. Bien sûr, ils prendraient quelques jours, mais pas maintenant. Et lui ? Il n'aurait pas envie de venir passer un week-end à la maison ? Le prochain, par exemple ? « Ça ferait tellement plaisir à ton père ! »

Ça serait avec plaisir, dit Stephan, mais il avait un avant-projet à terminer d'ici deux semaines et il n'avait vraiment pas le temps.

Sa mère se tut. Elle dit d'une voix plus faible qu'elle était déçue. Puis, reprenant sa voix normale, se plaignit de sa réaction brutale juste au moment où son père allait mal. Elle n'aurait jamais pu imaginer une chose pareille.

Un brin de colère dans la voix, Stephan rétorqua qu'il n'avait pas été brutal du tout mais qu'il avait ce satané avant-projet à finir.

Sa mère lui répondit qu'il avait déjà dit la même chose cinq semaines auparavant. Il lui racontait donc des mensonges ? Soudain, Stephan entendit des sanglots à l'autre bout du fil. Sa mère lui demanda si elle pouvait le rappeler un peu plus tard. Elle était incapable de parler davantage. Et elle raccrocha.

S'étant aussitôt ressaisie, elle fit irruption dans le salon où son mari était effectivement assis dans le fauteuil. Mais tout guilleret, car il était en train de regarder un match de football, confortablement installé entre des coussins, une couverture sur les genoux et une bière à la main. Elle se campa devant lui, les mains sur les hanches, et déclara fièrement : « Stephan passe nous voir la semaine prochaine. – C'est parfait ! dit son mari, comme ça on pourra faire une balade. » Puis, d'un geste de la main, il fit signe à sa femme de se taire car on allait tirer un corner qui pouvait être décisif pour l'issue du match.

Stephan, qui était parti poursuivre ses études dans la capitale et qui devait effectivement boucler un avant-projet de séminaire au plus tard dans quatre semaines, arpentait sa chambre, furieux de constater qu'il était prisonnier de contingences aussi mesquines et que son monde et celui de ses parents étaient maintenant séparés par un gouffre. Il se dit qu'ils semblaient vivre sur des continents différents, avec des usages et des coutumes tellement éloignés qu'à chaque visite il fallait se donner beaucoup de mal pour instaurer une forme de compréhension.

« Ce n'est pas comme ça chez la plupart de mes amis, se dit Stephan. Kirsten, par exemple, sa colocataire, sa mère est journaliste. Autrefois, elle était politiquement très engagée ; aujourd'hui elle boit souvent un verre de vin avec Kirsten dans la cuisine et lui parle de sa jeunesse en écoutant ce que lui dit sa fille. Quand il y a un différend, il est vite réglé par quelques phrases amusées. Parfois, sa mère insiste pour que Kirsten ne s'investisse pas autant et pense un peu à autre chose qu'à son travail. Cela fait trois ans qu'elle est avec le même copain, un étudiant très comme il faut, qui fait du droit. Il serait peut-être temps de changer ? Et la mère et la fille se mettent à rire et trinquent avec de vrais verres à vin. En général, elles vont ensuite toutes les deux au restaurant où elles poursuivent en tête à tête leur conversation sur la gent masculine. »

Stephan s'approcha de la fenêtre fermée. Pour lui, il était impensable de pouvoir ainsi étaler sa vie personnelle devant son père ou sa mère. Il regarda la route à quatre voies. Il commençait à faire nuit et la plupart des voitures avaient déjà allumé leurs phares.

Il se dit que ses parents avaient quand même eu la vie dure. Cette mesquinerie provinciale. Cette façon de devoir toujours tout briquer, la maison comme la voiture. Cette façon de toujours utiliser un filtre pour faire du café alors que tout le monde avait maintenant une machine à espressos.

Si cette vie n'était pas si lointaine, elle n'avait déjà plus rien de commun avec le monde modeste d'autrefois. Il se souvint de son grand-père. Il avait succombé à un infarctus cinq ans plus tôt, alors qu'il faisait une promenade comme il aimait en faire. À cause d'un problème aux yeux (dégénérescence de la macula), il devait s'aider d'une canne qu'il faisait glisser le long du trottoir au fur et à mesure qu'il avançait, mais il lui racontait des épisodes de sa vie. Il lui parlait de la guerre, du bistrot au coin de la rue, de ses amis, de sa femme morte depuis longtemps d'une maladie foudroyante ; il parlait de sa vie d'électricien dont il était fier, de certaines réparations qu'il faisait chez les gens, qui lui offraient ensuite un schnaps qu'il buvait en fumant une cigarette.

Stephan fixait toujours le flot des voitures et se dit que ses parents n'avaient pas eu droit à cette vie, avec des haltes au café du coin. Un jour, il était encore au lycée, ce café, qui affichait toujours à midi des menus écrits maladroitement à la craie sur une ardoise, avait fermé. Les vitres avaient été recouvertes de l'intérieur avec des feuilles de papier journal et l'on avait mis un écriteau « À louer », qui avait pâli avec le temps.

Stephan se dit que la vie de ses parents manquait de convivialité. En fait, et à bien y réfléchir, ils n'avaient que lui ! Honteux, il saisit son téléphone et annonça sa visite. « Quelle bonne surprise ! » lui dit sa mère.

Il est très avisé de savoir parfois se montrer blessé quand on a quelque chose de précis en vue. De pouvoir présenter aux autres une addition qui n'est pas encore réglée. Avoir autour de soi des débiteurs, c'est détenir du pouvoir. Certains parents ont fait de cette règle un art. Mais une telle stratégie a aussi ses avantages dans la vie professionnelle. Quand un collègue déboule dans votre bureau, monte sur ses grands chevaux et vous reproche une erreur, même une peccadille, pour s'assurer de votre respect, il n'est pas forcément utile de lui rendre la pareille. Il se révèle parfois beaucoup plus efficace de prendre une mine offensée. Cela peut déstabiliser l'adversaire qui pense alors être allé trop loin et quitte votre bureau en se disant que le compte ainsi ouvert ne va peut-être pas se solder à son avantage.

12

Savoir donner des coups

Peu avant le début d'un colloque sur le *Décaméron* de Boccace, l'un des ouvrages les plus importants de la littérature italienne du XIVe siècle, les intervenants s'étaient tous retrouvés dans une grande salle de l'université et conversaient allégrement. Parmi eux se trouvait un professeur d'université d'un certain âge, M. Meierwitz, et un jeune maître de conférences plein d'ambition. Pour humilier son jeune collègue, qui avait tendance à avancer des théories hardies, le professeur Meierwitz déclara de façon peu amène : « Alors, mon cher collègue, vous allez encore nous sortir quelques théories fumeuses ? » Puis il éclata de rire et regarda autour de lui de ses yeux abrités de paupières rougies pour chercher de l'approbation.

Le jeune enseignant se garda de répliquer par une phrase du genre : « Et vous, mon cher collègue, vous allez encore nous bassiner avec les conclusions que vous présentez depuis trente ans sur Boccace et le monde courtois ? » Il ne dit pas non plus : « Vous allez recommencer à nous servir une de vos contributions qui n'en finissent plus et font bâiller d'ennui, pour ne pas dire plus, tous vos collègues ? » Non, notre jeune chercheur ne dit rien de tel. Il eut recours à l'humour, qui est une bien belle arme ; il dit trouver vraiment merveilleux que ce vieux Boccace ait réussi à faire une œuvre qui, de toute évidence, échauffait encore les esprits. Mais qu'il serait peut-être bon, vu que le colloque ne commençait que dans une demi-heure, de les refroidir un peu en prenant d'abord l'apéritif tous ensemble – il montra une table où étaient disposés des verres de mousseux. Les autres personnes présentes se mirent à rire en toussotant, heureuses de sentir la tension s'apaiser ainsi, laissant place à une certaine sérénité.

Il s'agit là d'un exemple caractéristique quant à la façon de parer une attaque. Il faut savoir qu'on ne doit jamais se lancer dans une contre-attaque quand on n'a rien de spirituel à dire. Les répliques désordonnées, les accès de colère et autres réactions du même genre sont toujours très désagréables. Si l'on manque de présence d'esprit, il suffit de signaler aux autres par un mouvement des yeux que l'on a enregistré tout ce que l'attaque avait de déplacé et de se taire.

Le jeune chercheur, issu d'un milieu modeste et qui nourrissait un certain ressentiment vis-à-vis des rapports traditionnels de pouvoir, prit sa revanche à la fin de l'intervention de Meierwitz, qui, comme on pouvait s'y attendre, n'avait été qu'une suite de digressions et avait été applaudie plus par habitude que par véritable enthousiasme. Arriva le moment des questions à l'intervenant, et notre jeune maître de conférences, aiguillonné par l'envie de se venger, en avait concocté une si sournoise qu'elle mit effectivement le professeur Meierwitz dans un grand embarras ; à tel point qu'il blêmit, se réfugia dans des lieux communs accompagnés de grands gestes, si bien qu'il ne récolta du public d'experts que des regards de compassion. Pour un intervenant, c'est toujours beaucoup plus douloureux qu'une franche opposition.

Il est une chose qui importe toujours : découvrir les faiblesses de l'autre. Il suffit de voir comment réagissent les vaniteux dès qu'on met en doute leur charme ou leur beauté ! Comment ceux qui se croient intelligents deviennent susceptibles lorsqu'on leur montre leurs limites intellectuelles ! Comment se comportent les gens sûrs d'eux dès qu'ils tombent dans la maladresse ! Tout le monde a un point faible, et c'est faire preuve d'intelligence que de savoir le découvrir. Il faut prendre les gens par là où on peut les prendre ; leur point sensible, qui a plusieurs facettes, correspond à leur indécrottable vanité, leur désir insatiable de se mettre en valeur. C'est ainsi que notre jeune chercheur s'était bien rendu compte que M. Meierwitz n'était plus la sommité qu'il avait peut-être été encore sept ou huit ans plus tôt, à une époque où, grâce à une activité débordante dans toutes sortes de colloques, il faisait alors partie des poids lourds du monde universitaire. Mais jusqu'à ce jour, il n'avait encore jamais osé s'avouer cette perte de pouvoir.

Et même si donner des coups paraît assez simple dans cette histoire, cela n'en dénote pas moins un grand savoir-faire. Il s'agit en effet de rouler l'autre dans la farine sans paraître avoir mauvais caractère. L'artiste de la dissimulation veille à ce que ses flèches empoisonnées semblent bien méritées et aient même l'apparence de réponses bienveillantes à une grossièreté lancée en pleine figure.

Sinon, il convient de faire sien le dicton romain : « *Nisi caste, tamen caute.* » Si l'on n'est pas innocent, il convient d'être prudent. Autrement, tous les champions de la loyauté diront en secouant la tête d'un air de reproche : « Quel individu sans morale ! » Il ne faut jamais oublier l'exemple merveilleux du coucou, capable de mettre son œuf dans le nid d'un autre oiseau sans se faire voir et sans qu'on remarque la différence avec les autres œufs. Et à peine sorti de sa coquille, l'oisillon en débarrasse le nid, en les jetant par-dessus bord. Puis il trompe habilement ses parents adoptifs car ses cris ressemblent à ceux de toute une couvée. Mais une fois seul, il se garde d'ouvrir le bec, attendant bravement qu'on vienne le nourrir.

Le coucou est un solitaire qui symbolise très bien le destin contemporain de l'artiste de la dissimulation ; en effet, à la différence de la tradition séculaire de l'intrigue, il n'y a plus guère de complot ourdi par plusieurs personnes en même temps, toutes complices d'un même objectif. De nos jours, les « réseaux » sont beaucoup plus fluctuants, ils changent trop souvent pour pouvoir servir de base à un plan ou à une machination. Certes, la règle disant que l'ennemi de notre ennemi doit être notre ami est toujours valable, et il est encore possible de trouver des appuis isolés, mais d'une manière générale les intérêts de chacun sont devenus trop morcelés pour sceller une union.

L'art de donner des coups, c'est l'art de penser à partir de la fin. Notre jeune chercheur n'a pas répondu avec précipitation, il a sagement attendu son heure. Il faut toujours laisser son projet dans l'ombre et n'abattre sa dernière carte que lorsqu'on est sûr qu'elle va nous donner la victoire. Baltasar Gracián a très bien fait remarquer que l'on n'atteint parfois son but qu'en « traversant les vastes espaces du temps ». Et l'intelligence du dissimulateur consommé, qui sait attendre, montre de façon admirable que la rébellion luciférienne qui lui est propre, cette façon de s'affirmer dans un milieu hostile, a exacerbé son intellect.

Mais il existe un principe plus éminent encore et qui est celui-ci : n'est vraiment souverain dans ses actions que celui qui n'a manifestement nul besoin de donner des coups.

13

Savoir encaisser

On ne peut pas toujours gagner. Et il est bon que les défaites ne soient pas trop fréquentes. Mais quelle attitude adopter une fois qu'on a perdu ?

Un échec professionnel fait mal, un tendre amour avoué mais resté sans écho aussi. Et il est très fréquent de voir que les personnes ainsi humiliées aggravent encore leur situation en réagissant sans retenue, trop vivement.

Après avoir appris que son contrat ne serait pas renouvelé, le jeune architecte Stephan Karst se rendit une dernière fois à son bureau dans la grande pièce décloisonnée pour y prendre ses affaires. Il jeta un regard autour de lui et vit ses collègues, qui portaient presque tous des lunettes à monture noire, occupés à regarder alternativement leur écran et les plans qu'ils avaient devant eux. Stephan Karst se passa une main dans les cheveux, bien qu'ils soient coupés court, et lança à la ronde qu'il était content de ne plus jamais revoir cette foutue boîte. Puis il s'assit à son bureau, effaça tous ses mails de façon un peu fébrile, arrêta son ordinateur, fourra maladroitement deux gros classeurs dans sa sacoche et dit encore d'une voix forte : « Foutue boîte ! »

Personne ne lui accorda le moindre regard approbateur ; au contraire, ses collègues échangèrent quelques brefs coups d'œil gênés ; l'un d'eux se racla la gorge, la secrétaire se leva comme par hasard pour aller aux toilettes. Seul un homme un peu plus âgé, qui l'avait toujours soutenu jusque-là, s'approcha de Karst et lui posa la main sur l'épaule. Il lui dit qu'il était désolé et qu'il lui souhaitait bonne continuation. Il était encore jeune, il avait l'avenir devant lui. Puis il accompagna Stephan jusqu'à la sortie.

Le courage est toujours bien accueilli, le désespoir beaucoup moins. « Foutue boîte ! » La phrase avait d'abord été lâchée avec un sentiment de triomphe. À ce moment-là, Stephan Karst s'était laissé emporter par la certitude trompeuse qu'il montrait ainsi une bonne fois pour toutes à ses collègues qu'il voyait bien leur conformisme timoré, leur fidélité servile à ce bureau d'architectes et qu'en fait il les méprisait !

Mais sur le trajet du retour, en rentrant chez lui, assis dans le métro, entouré d'écoliers qui n'arrêtaient pas de chahuter et de se bousculer, il se demanda si sa sortie avait été aussi fière et triomphante qu'il se l'était d'abord imaginé. Il commença par éprouver un léger doute : n'avait-il pas réagi trop brutalement ? Puis il écarta son doute en se disant qu'après tout on ne pouvait pas toujours se maîtriser. Mais au bout d'un moment, tout en se frottant le menton, il se rendit compte très clairement, en revoyant le visage de ses collègues gênés, de l'humiliation que lui avait value son éclat.

Il n'y a guère de choses plus honteuses que de sentir la honte éprouvée par les autres à notre place. Et rien ne révélait mieux l'ampleur de la défaite de Stephan Karst que la pitié de ce collègue venu lui poser la main sur l'épaule ! En revoyant toutes ces images, Stephan eut un frisson, comme au sortir d'un mauvais rêve.

On voit bien qu'il aurait été difficile de se comporter de façon plus maladroite. Car de nombreuses défaites portent en elles le germe de la victoire, pour autant qu'on sache le porter à maturité. Deux mois après le départ peu glorieux de Stephan Karst, deux de ses collègues, Olaf Herse et Frank Stretz, décidèrent de donner leur congé pour se mettre à leur compte. Ils considéraient que leur salaire ne justifiait pas le fait de se soumettre jour après jour à l'organisation rigide d'une entreprise : se lever très tôt tous les matins, participer à un nombre incalculable de conférences, rentrer le soir chez soi épuisé... Ils quittèrent leur costume, s'achetèrent des baskets, louèrent une ancienne boutique décrépite mais qui promettait un beau renouveau. Effectivement, ils ne tardèrent pas à commencer une nouvelle vie. Les commandes affluaient et de solides contacts se nouaient avec d'anciens clients. En plus, le père d'Olaf, un homme politique local, avait quelques bons amis entrepreneurs.

Olaf et Frank avaient maintenant le temps de dormir le matin ; ils travaillaient dur mais le soir ils faisaient venir un DJ qui transformait le petit local en piste de danse : les femmes et l'alcool venaient couronner de leur présence la fin de la journée. Même la presse régionale commença à parler de ces « deux jeunes créatifs » qui réussissaient. Et puis un jeudi après-midi, par une belle journée ensoleillée, Olaf Herse et Frank Stretz reçurent l'accord pour un projet qu'ils avaient brigué depuis de nombreux mois. Mais ils avaient tellement de choses à faire par ailleurs qu'il ne leur restait plus de temps pour mener à bien ce projet : la construction d'une grande cantine abritée par une verrière dans un important lycée de la ville.

Bref, s'ils voulaient répondre à cette offre qui promettait d'être lucrative, il leur fallait embaucher une troisième personne. Les deux amis commencèrent par se faire un espresso, puis ils débouchèrent une bouteille de saint-estèphe tout en se demandant qui ils pourraient bien embaucher. Frank Stretz dit sur le ton de la boutade : « Et si on prenait Stephan Karst ? » Olaf Herse faillit s'étrangler en entendant ce nom et dit dans un grand éclat de rire : « Oui, pour qu'il nous foute en l'air tout notre projet, le jour où il se sera levé du pied gauche ! »

Tout en continuant à discuter, ils se dirent que c'était quand même dommage, car Stephan Karst n'était pas un mauvais architecte. Mais leur patron d'alors refusait quasi systématiquement de prolonger le contrat des personnes qui en faisaient la demande. Il avait toute une pile de demandes d'emploi sur son bureau et il avait remarqué que les gens qui venaient d'être embauchés étaient particulièrement motivés. Pourquoi mettre fin à ce système ?

Stephan Karst, qui ne s'était pas rendu compte qu'un départ plein de dignité est nettement plus profitable qu'une arrivée sous les applaudissements, se trouvait à ce moment-là dans son lit, trop las pour affronter la journée, même si l'on était déjà au début de l'après-midi. Il était incapable d'écrire la moindre lettre de candidature à un emploi en dépit des antidépresseurs prescrits par son médecin et qui étaient censés lui redonner goût à la vie.

Il pensa à sa gloire passée. Tout avait si bien commencé. Dans ce milieu fortement concurrentiel qui est celui de l'architecture, il n'avait pas tardé à attirer l'attention. Il n'avait pas encore fini ses études que déjà on lui confiait la réalisation d'un projet d'urbanisme richement doté par une grande banque. Un professeur d'architecture au crâne dégarni fit son éloge en public, parla de l'avenir de l'architecture en Allemagne et de la relation entre l'habitat et l'homme. Puis Stephan Karst fut invité à monter sur l'estrade décorée de bouquets de fleurs ; il présenta avec une charmante maladresse son projet très novateur de pavillons urbains et reçut sous les applaudissements une sculpture rappelant vaguement la forme d'une maison, qu'un artiste avait spécialement créée à son intention. Ses parents aussi étaient là, émus, eux qui étaient issus d'un milieu modeste, et ce souvenir lui serra le cœur.

Le destin de Stephan Karst peut servir d'exemple pour montrer que toute défaite doit être acceptée la tête haute et utilisée comme point de départ d'une contre-attaque. S'il avait rangé ses affaires sans causer de scandale, s'il avait pris le temps de boire encore un verre avec ses collègues, s'il avait simulé la bonne humeur, s'il avait fait croire qu'il avait de toute façon depuis longtemps l'intention de quitter cette boîte – peut-être pour se mettre à son compte –, il ne fait aucun doute qu'Olaf Herse et Frank Stretz l'auraient embauché sans hésiter.

Nous ne voulons pas taire ici qu'après deux années florissantes, les affaires d'Olaf Herse et Frank Stretz commencèrent à rencontrer de graves difficultés à cause de la crise qui sévissait dans le bâtiment. Ils se mirent à écrire des lettres de candidature à tour de bras, qui ne reçurent pas toutes de réponses, loin s'en faut. Mais cela n'oblitère en rien la validité de notre histoire.

P-S. Tout cela est aussi valable en amour. Si un homme avoue son penchant à une femme de façon un peu hésitante, avec des phrases du genre « Tu sais, je t'aime beaucoup » et qu'il s'entend répondre « Tu sais, moi aussi. Mais ne te fais pas d'illusions, c'est uniquement de l'amitié ! », cet homme ne doit pas réagir avec colère ou une froideur glaciale mais toujours avec tact. S'il doit y avoir une trace de tristesse et de désir dans son regard, il faut que ce soit très allusif, une forme de fierté capable alors d'émouvoir en silence celle qui l'a repoussé. Car souvent le vent tourne après un premier revers. La désagréable tension qui s'était installée, et qui était en fait fondée sur la nature floue d'une relation, peut laisser place à l'apaisement. « Restons bons amis », s'entend-on dire. Et l'on commande alors un verre de vin pour trinquer à cette nouvelle amitié. Puis un deuxième. On rit. Et, insensiblement, les corps se rapprochent…

Mais celui – homme ou femme – qui quitte précipitamment la table de l'amour et met brutalement fin à la partie se révèle un mauvais perdant, alors qu'il aurait très bien pu finir par l'emporter.

14

Tout le monde joue

Tout le monde joue. Le contrôleur qui, dans le train, et suite à de multiples séminaires sur les vertus de la convivialité et de la politesse, vous souhaite une « très belle journée » après avoir poinçonné votre billet. Les hommes politiques qui arborent sur des affiches savamment concoctées par des publicitaires un sourire inspirant la confiance. Les collègues de bureau toujours de bonne humeur. Votre conseiller bancaire qui, après s'être enquis de la santé de vos enfants, vous pousse à prendre un crédit, tandis qu'une collègue court vêtue arrive à point nommé pour vous servir un café.

Une chose est sûre : on ne sait jamais si les mouvements du corps obéissent à une politesse spontanée ou à une tactique de séduction savamment étudiée. Dans le doute, partez de la dernière supposition tout en sachant que la première doit être suggérée. Ne montrez jamais franchement votre méfiance, cela vous donnerait un visage inamical ; vous devez toujours être d'un abord aimable et d'une cordialité quasi naïve. Mais tous vos sens doivent rester en éveil, comme celui d'un gardien de but au moment du penalty.

Tout le monde joue. Nous avons vu l'histoire de ce vigneron qui augmente encore son pouvoir grâce à une excuse bien réfléchie ; celle de l'architecte Stephan Karst qui s'insurge de façon maladroite au lieu de chercher dans la défaite le moment où il pourra contre-attaquer ; celle du jeune chercheur qui dupe par un trait d'esprit un vieux professeur sur le retour ; celle de cette mère qui s'attache son fils en lui donnant mauvaise conscience.

La plupart des gens jouent en mentant. Jamais ils ne trompent en disant la vérité. Mais seul celui qui maîtrise de façon parfaite les deux stratégies peut prétendre atteindre au zénith de la dissimulation.

Si vous rencontrez quelqu'un de tout aussi méfiant que vous et qui peut à bon droit se considérer comme un grand artiste de la dissimulation, il convient d'agir de façon très avisée. Il cherchera en effet par tous les moyens à déceler votre point faible pour ensuite en tirer profit. Il vous flattera sans être avare de mots pour que vous vous trahissiez. Il cherchera le secret qui lui servira ensuite de gage.

Vous êtes journaliste dans un grand magazine culturel et ce matin, en vous réveillant, vous avez l'impression que le jour le plus sombre de l'hiver vient de commencer. Juste une toute petite déchirure dans le plafond nuageux pour éclairer un peu les visages d'un faible rayon de lumière – ah ! cela faisait des semaines qu'on l'attendait. Vous regardez par la fenêtre : vous ne voyez qu'un détestable mélange de pluie et de neige qui souffle sur les passants pressés de rejoindre leur lieu de travail, avec leur visage blême et leur gros manteau. Seule votre montre est là pour vous indiquer l'heure de la journée, car que ce soit le matin, le midi ou le soir, c'est toujours le même temps gris et morose. Et seule l'obscurité de la nuit est suffisamment bienveillante pour attirer l'homme fatigué dans des rêves doux, l'arracher pour quelques heures à une mélancolie à la limite du mépris pour le monde entier.

Ce matin vous montez dans le tram qui doit vous emmener à la rédaction. Au début il n'y a que des mères avec leurs gamins braillards excités par le froid, des retraités maudissant leurs rhumatismes et parlant tout seuls et des silhouettes floues de tous les âges. C'est en hiver que la ville montre son vrai visage : on dirait que tout le monde ne vit qu'en se forçant.

Or, au bout de trois stations, voilà qu'un de vos collègues monte dans le tram. C'est Heiko Wenzel. Il travaille dans un journal à sensation que vous n'appréciez guère mais qui a un très gros tirage. Il vous aperçoit tout de suite et vous lance : « Ah, cher ami ! » Il vient s'asseoir directement à côté de vous, déplore ce temps exécrable, il parle fort et rit tout aussi fort, il fait quelques remarques qui lui paraissent spirituelles sur une émission qu'il a vue la veille à la télévision, où un invité s'est complètement discrédité, puis ajoute sans transition qu'il a entendu dire par un ami – et là il prend un regard vraiment intéressé – que vous travaillez depuis assez longtemps sur un portrait de l'acteur Walter Sindman, que vous avez même eu la chance de l'interviewer plusieurs fois, ce personnage tellement timide qui ne laisse pourtant approcher personne… Wenzel n'attend pas que vous lui répondiez et il poursuit : le bruit court que Sindman aurait l'intention de venir s'installer en Allemagne avec son épouse, une femme vraiment très belle. Puis il vous demande, comme si de rien n'était, ce que vous pensez de cette rumeur.

Vous prenez un regard effrayé : « Non ! Pas du tout ! Sindman ne va pas venir s'installer en Allemagne ! » Vous êtes parfaitement au courant, vous avez justement posé la question à Sindman hier et il a répondu par la négative. Vous dites tout cela comme en proie à une grande agitation. Vous bégayez un peu, vous tentez même de façon assez maladroite de changer de sujet et, après être descendu au même arrêt que Wenzel, dans le centre-ville, vous prenez congé de lui de façon précipitée et presque panique, alors que lui vous sourit en vous jetant un regard moqueur.

Le lendemain vous feuilletez la presse, assis à la table de la cuisine. Le journal de Wenzel réserve une petite surprise et révèle avant tous ses concurrents la nouvelle par un titre ronflant : « Sindman vient s'installer en Allemagne ».

Vous regardez par la fenêtre. Toujours le même temps infect. Mais ce jour-là, vous vous sentez un tout petit peu mieux. Car, si tout le monde joue, vous vous jouez de tout le monde en disant de temps en temps la vérité.

15

Manifester son indignation

Imaginez quelqu'un – appelons-le Sebastian – qui, après une longue période de disette affective, tombe soudain éperdument amoureux. Il a passé un nombre incalculable de soirées seul devant sa télévision à la recherche d'un dérivatif. Il a écumé un nombre incalculable de bars avec son ami Christian (programmeur comme lui), à parler de telle ou telle chose, en général d'immobilier et de travail, tandis que son regard détourait les silhouettes féminines assises aux tables d'à côté.

C'était vendredi soir, nos deux amis venaient de commander leur troisième bière et ils reprenaient par habitude leur discussion sur les prix de l'immobilier et la façon dont ceux-ci allaient évoluer dans tel ou tel quartier, lorsque leur table se mit soudain à vaciller : le café était bondé et quelqu'un avait dû s'y appuyer un peu trop fort en passant. « Hé ! » cria Christian d'un ton excédé. Celle à qui il s'adressait – il avait remarqué trop tard qu'il s'agissait d'une femme – se retourna aussitôt et lui lança un sourire d'excuse qui lui cloua le bec.

Il est très rare que l'on fasse la connaissance de quelqu'un dans un bar, mis à part quelques rencontres de fortune et sans lendemain. La femme qui avait été bousculée et que la table avait empêchée de tomber était appelée à faire mieux connaissance avec nos deux amis. Quand elle revint des toilettes, Christian, sous prétexte de s'excuser pour son « Hé ! » peu amène, l'invita à prendre un verre. Et comme il accompagnait son invitation de quelques remarques plaisantes, elle ne dit pas non. Elle ajouta qu'elle pouvait d'autant plus facilement se joindre à eux que l'amie qu'elle attendait venait de lui poser un lapin. En fait, elle était sur le point de partir.

On parla de la ville où l'on habitait – c'est toujours un bon point de départ pour une conversation –, des bars, des restaurants, de quelques quartiers et de leurs particularités. Bien entendu, on ne tarda pas à en arriver aux professions respectives. Kirsten – tel était le nom de la jeune femme – avait arrêté ses études pour se lancer dans la communication : elle organisait des concerts, surtout de jazz, dans toute la région.

Sebastian, qui l'observait attentivement, remarqua que, quand elle riait, elle se passait toujours la main droite dans les cheveux, avec un peu trop d'empressement, et que l'une de ses deux incisives était un tout petit peu plus courte que l'autre ; son seul défaut, pourrait-on dire, car à part ça elle était parfaite – petite défaillance de la nature qui en fait lui donnait du chien. Il aimait aussi ses élans d'enthousiasme un peu fébriles à propos des différents styles de jazz : hard bop, cool jazz, fusion jazz. Il ne comprenait pas grand-chose à tout ça mais suffisamment pour tomber raide amoureux.

Pourtant il ne tarda pas à comprendre, non sans dépit, alors qu'il tentait de se mêler à la conversation par quelques remarques mâtinées d'un humour besogneux, que Christian et Kirsten se regardaient dans les yeux plus longuement que ne l'exigeait une innocente conversation et que les contacts corporels apparemment dus au hasard commençaient à se multiplier. Main se posant sur une épaule, par exemple, à l'occasion d'une anecdote revenant soudain en mémoire, etc. Prétextant une journée chargée le lendemain, Sebastian se leva en masquant sa déception et sortit dans la douceur de cette nuit de printemps.

Deux semaines plus tard, vers midi, il tombe par hasard sur Kirsten chez le boulanger. Sebastian sait, parce que Christian s'en est plusieurs fois vanté de façon détestable, que tous les deux se retrouvent parfois. Une liaison a commencé, même si elle est encore incertaine, dans la mesure où Christian a une amie et semble hésiter entre les deux – naturellement, aucune n'est au courant de l'existence de l'autre.

Sebastian demande à Kirsten si elle a envie d'aller prendre un café. Elle sourit, dévoilant son incisive un peu plus courte, et répond : « Pourquoi pas ? »

Au café, ils sont les seuls clients, mis à part une femme d'un certain âge qui soliloque dans son coin ; il s'enhardit à la mettre en garde, comme le ferait un ami qui ne lui veut que du bien. Il avance très prudemment, jusqu'à ce qu'il ne puisse plus dissimuler sa trahison : Christian a une liaison depuis plusieurs années. Il s'empresse d'ajouter qu'il ne voulait pas lui raconter tout ça mais qu'il ne trouve pas juste qu'on se moque ainsi d'elle et qu'on l'utilise ainsi, simplement pour le plaisir.

Qui douterait que Sebastian n'ait pas fait preuve d'une grande habileté avec cette révélation ? Il a mimé l'indignation morale, l'a présentée en faisant des tours et des détours, ce qui lui a donné un caractère plus authentique encore. Mais il ne pouvait pas savoir que Kirsten, de son côté, a elle aussi une liaison pas très gratifiante depuis plusieurs années (avec un avocat assez bien dans sa peau). Elle éclate de rire, paie vite sa consommation, se lève et, prétextant un après-midi encore chargé, quitte le café, non sans jeter à Sebastian un regard moqueur où il croit déceler aussi une certaine pitié.

Quand on a l'intention de jouer l'indignation, il est conseillé de toujours bien se renseigner sur la personne que l'on a en face de soi avant d'étaler ses scrupules moraux. Ne serait-ce que pour savoir si cette arme a quelque pouvoir sur la personne visée. Certaines sont tellement retorses, comme il convient, qu'elles n'ont que méfiance pour les élans d'indignation morale. Cette dernière a en effet servi à justifier toutes les turpitudes : l'Inquisition, le Comité de salut public, les aveux soutirés sous la torture. En général, l'indignation morale cache un intérêt différent de celui qui est énoncé.

16

Quitter la fête au bon moment

Il existe un préjugé tenace à propos de l'alcool, qui consiste à prétendre que sa consommation troublerait le discernement. Tous ceux qui affirment une chose pareille montrent simplement qu'ils ne savent pas boire sans modération, qu'ils n'ont jamais quitté une fête en titubant, qu'ils n'ont jamais goulûment embrassé une semi-inconnue sur un sofa de fortune.

Car c'est exactement l'inverse qui est vrai : absorber de l'alcool en grande quantité ne trouble en rien le jugement ; il l'aiguise au contraire, et parfois de façon fort désagréable. On se cache beaucoup mieux les choses quand on est sobre ; voilà pourquoi l'alcool est un vice dangereux, car il fait remonter à la surface des humeurs et des dispositions qui restaient jusque-là à l'état latent.

Combien d'amours sont soudain parties en fumée parce que la femme a découvert dans les vapeurs d'alcool d'une soirée bien arrosée que sa relation sentimentale était en fait pitoyable ! Prenons le cas d'Anja. Elle a déjà eu l'occasion, même sobre, de se plaindre du manque d'attentions de son ami Timo, lequel ne semble plus se préoccuper que de lui-même depuis l'ouverture de son petit café dans un quartier relativement peu fréquenté de la ville mais qui a tout de suite connu un grand succès.

Refusant de suivre les conseils de ses amis, Timo avait fini par abandonner ses études de biologie qui traînaient en longueur et avait d'abord vaguement pensé se mettre à son compte. Et effectivement, un jour, à la stupeur d'Anja, dans un grand mouvement de décision qui parut totalement irrationnel à son amie, il loua un vieux café fermé depuis longtemps, situé à un angle de rue, et en fit un lieu convivial, point de rencontre pour les mamans du quartier.

Elles viennent là avec leurs bambins pour discuter éducation des enfants, crèches et marques de vêtements. De temps en temps Timo passe des disques d'une chanteuse française dont la voix rauque et lascive a fait le tour du monde. Ce café est un grand succès mais il lui est monté à la tête, pense Anja, qui regrette que Timo ne lui offre plus le moindre cadeau maintenant, même une simple babiole. Sans parler de ces soirées où ils ouvraient parfois une bouteille de bon vin qu'ils buvaient au lit en se racontant leur vie ou en se faisant toutes sortes de blagues. Plus rien de tout ça. Maintenant, Timo passe presque tout son temps dans son café au milieu de ces jeunes mamans bavardes, chose d'autant plus douloureuse pour Anja que, sans encore l'avoir jamais avoué, elle a très envie d'avoir un enfant.

Cela dit, il y avait longtemps, avant même l'ouverture de son café, que Timo n'apportait plus rien à Anja. Souvent – et c'est le cas ici –, les relations périclitent parce que l'un des partenaires a changé de vie, que ce soit le fait d'une décision ou le fait du hasard, pour le meilleur ou pour le pire. Le fragile équilibre des forces qui existait entre deux êtres qui s'aimaient bascule soudain au détriment de l'un, qui se demande alors pourquoi ils ne s'accordent plus comme avant. Il y a toujours des raisons. Mais en général elles ne font que cacher le véritable obstacle à la poursuite de la relation : l'amour-propre. La personne qui souffre, insatisfaite, se dit que l'autre est devenu arrogant, inattentif, etc.

L'insatisfaction diffuse d'Anja ne se révéla cependant pleinement à elle qu'au cours d'une soirée d'anniversaire organisée par sa meilleure amie, Verena, à laquelle elle s'était rendue avec Timo. Après avoir bu deux bières, puis trois verres de vin rouge de médiocre qualité et ensuite deux schnaps…

Mais nous ne voulons pas précipiter les choses. La soirée commence plutôt bien, dans une ambiance de relative bonne humeur. Timo est en effet rentré plus tôt de son café, ce qui a fait plaisir à Anja. Mais après un rapide repas pris debout dans la cuisine, il s'est isolé avec son ordinateur portable sous prétexte de mails urgents à envoyer.

Dans le métro qui les emmène chez Verena, ils se tiennent serrés l'un contre l'autre. Anja est vêtue d'une ravissante robe à motifs colorés. Timo a une veste légère sous laquelle il porte un simple T-shirt moulant et un jean, dans une forme de contraste ironique. Anja regarde le menton de Timo qui, depuis quelque temps, ne se rase que rarement, sans doute pour des raisons de mode, mais l'effet est presque ridicule car il a très peu de barbe.

En outre, elle trouve que ces temps-ci Timo y va un peu fort sur l'eau de toilette. Elle lui dit qu'il doit importuner tout le wagon avec ces effluves.

À peine arrivés, ils ne tardent pas à se séparer et les observations faites dans le métro n'y sont pas totalement étrangères. La fête a déjà bien commencé, il y a beaucoup de monde qui rit et parle, dans le salon dont on a écarté les meubles pour ménager une piste de danse.

Il est difficile de savoir ce qui a bien pu pousser Anja, vers une heure du matin, alors que la fête battait encore son plein, à gifler Timo, en train de bavarder avec une invitée – cela servirait de sujet de conversation pendant des semaines à tous ceux qui avaient assisté à la scène. Il semble qu'il y ait eu en fait tout un faisceau de raisons.

Les choses commencèrent à se gâter après les deux premières bières. Anja les avait bues dans la cuisine avec Verena et un ami à elle, Andreas, spécialement venu de Rhénanie pour l'occasion (un homme un peu replet, qui se donnait des airs légers et gais) et, en allant aux toilettes, elle fut surprise de voir Timo en train de danser – et pas si mal que ça –, alors qu'il le faisait très rarement avec elle.

Anja retourna à la cuisine où Andreas l'attendait déjà, un verre à la main ; il le lui tendit, tout en continuant à raconter des histoires sans intérêt en rapport avec les Mérovingiens qui étaient le sujet de sa thèse.

Anja quitta donc la cuisine pour aller dans le bureau où se trouvaient quelques invités en train de discuter – et parmi eux Timo. Légèrement étonné de la voir là, il lui présenta néanmoins la femme avec qui il était en train de bavarder : Sabine, grande, exagérément maquillée au goût d'Anja, la trentaine, avec des chaussures pointues, et qui se mit à rire de bon cœur – on ne sait pourquoi – en l'apercevant. Timo ajouta, comme pour agacer gentiment Anja, qu'ils venaient de faire connaissance sur la piste de danse. Dommage qu'elle ait préféré se retirer dans la cuisine avec une bière plutôt que de profiter de la musique ! Il aurait tellement aimé danser avec elle. Sabine ne cacha pas un sourire un peu forcé.

Vite lassée de ces soi-disant taquineries, Anja dit que sa meilleure amie Verena l'attendait dans la cuisine. Faisant un effort pour masquer sa mauvaise humeur, elle quitta la pièce sans un mot ni un geste pour Timo. Verena n'était malheureusement plus dans la cuisine, où en revanche se trouvait toujours Andreas qui s'empressa de lui mettre dans les mains un deuxième verre de vin. Cette fois il parla abondamment de son ex-femme et de leur fils qu'il n'avait, hélas, le droit de voir que trop rarement. Elle regardait ses yeux vitreux et ses mains qui semblaient être devenues indépendantes et gesticulaient en tous sens pendant qu'il parlait.

Anja se tenait debout devant lui, bras croisés, oscillant un peu d'un pied sur l'autre, mimant l'attention, incapable de chercher un autre endroit où se retirer, obsédée par l'idée, après deux bières et un verre et demi de vin, que Timo lui avait gâché la vie.

Voilà dix ans qu'ils sont ensemble, elle en a maintenant trente-cinq. Dix ans d'une vie débile, de soirées débiles avec ce type débile et arrogant. Depuis qu'il a ouvert son petit café, il se prend pour le nombril du monde. D'abord, des études interrompues après des crises existentielles à n'en plus finir, puis des projets pour se mettre à son compte qui n'aboutissaient jamais, sans compter les problèmes avec ses imbéciles de parents qui se mêlaient toujours de tout, et surtout de leur relation. Et maintenant, tout auréolé de son succès, il se la joue, ce clown vantard. Elle ne peut s'empêcher de rire amèrement. Andreas la regarde, interloqué : il est justement en train de parler de son divorce et il s'attendait plutôt à un regard plein de compassion.

À ce moment, Verena entre dans la cuisine, tout essoufflée d'avoir dansé : « Alors, on discute bien ? – C'est vraiment une soirée formidable, Verena ! dit Anja, soudain tirée de ses pensées moroses. Mais je suis tellement fatiguée. Je vais rentrer. – Oh non, répond son amie en la prenant tendrement dans ses bras. Nous allons boire un schnaps avant que tu partes. »

Comme on le comprendra facilement, ce schnaps ne fit rien pour égayer l'humeur d'Anja. Le second non plus. Et lorsqu'elle reprit la direction des toilettes d'une démarche hésitante (elle faillit même trébucher sur une bouteille qui traînait dans le couloir), elle vit du coin de l'œil Timo toujours en pleine discussion avec Sabine, qui lui touchait le bras comme par mégarde. Échauffée par l'alcool et pleine de souvenirs sur toutes ces années qu'elle croyait perdues, elle fonça dans le bureau, se planta devant le couple de hasard apparemment surpris et, sans donner la moindre explication, elle gifla Timo qui, la joue en feu, la regarda d'un air totalement incrédule.

La suite peut être résumée facilement : silence de plomb dans le bureau ; des dizaines de regards pareils à des coups d'épingle (même Andreas se hasarde à faire une apparition dans le bureau), la prompte arrivée de Verena qui emmène sa meilleure amie dans sa chambre et l'oblige à s'allonger tout en lui prodiguant des paroles de réconfort. Anja ne tarde pas à s'endormir après quelques invectives bredouillées et deux crises entre fou rire et délire.

Baltasar Gracián écrivit un jour : « Un beau repli a autant de valeur qu'une attaque hardie. » La phrase prend encore plus de sens quand l'alcool s'en mêle. Il renforce les affects négatifs, les rendant plus néfastes qu'utiles. Avec lui, toute l'attention se concentre sur une idée désagréable, et il conduit à des désinhibitions qui vont à l'encontre de tout contrôle de soi. Qui se rend à une soirée en n'étant déjà pas de très bonne humeur devrait éviter de boire, éviter les éclats et quitter la fête à temps.

La personne qui va à une fête d'humeur sereine se comporte de façon totalement opposée. Dans ce cas, on a le droit de toucher à tout, de tenir des propos enflammés et d'embrasser des lèvres étrangères jusqu'à l'aube. On ne se fait en général pas d'ennemis, lors d'une fête passée dans une joyeuse exubérance. Tout artiste de la dissimulation sait bien qu'il n'a pas le droit d'être pris pour tel. C'est pourquoi il est parfois important de beaucoup boire avec les autres afin de ne pas passer pour un individu guindé et pincé qui ne plaît finalement à personne.

Deux jours après la mémorable soirée, des cartons de déménagement quittaient l'appartement jusque-là partagé par le couple. Anja serra une dernière fois Timo dans ses bras, sans rien dire, puis passa le seuil, le laissant seul dans la cuisine. Il resta un moment hébété, incapable de penser, avant de prendre son téléphone portable et d'envoyer un SMS à Sabine : « Un café ? Aujourd'hui ? Demain ? »

P-S. Timo avait été très agacé de voir qu'après la gifle d'Anja, Sabine avait pris le large, sans doute pour ne pas envenimer la situation, et avait dès lors consacré toute son attention à la conversation d'un autre homme.

17

Avoir de l'esprit

Parmi tous les arts de la dissimulation, le plus habile est celui qui consiste à avoir de l'esprit. Il ne s'agit pas de répéter des blagues éculées du genre : « Ève demande à Adam : "Tu m'aimes encore ?" Et Adam répond : "Oui, qui pourrais-je aimer d'autre ?" » Non, ce genre de blague ne peut que susciter un sourire las. Avoir de l'esprit, c'est la capacité à comprendre vite, la vivacité intellectuelle, une spontanéité qui plaît partout. Car il est utile de savoir plaire.

Sept messieurs et deux dames étaient assis autour d'une table ovale dans une pièce largement vitrée qui ne laissait pourtant entrer qu'une lumière triste : il pleuvait. On dominait néanmoins toute la ville, où brillaient des enseignes lumineuses. Au loin passait un train.

M. Marten plaidait avec ferveur pour que l'on investisse dans le complexe immobilier de Dettersheim, qui lui semblait très avantageux. Certes, il était un peu loin de tout, mais il avait appris de source sûre que le Conseil régional avait enfin décidé de relier Dettersheim au centre-ville en prolongeant la ligne de train de banlieue. Les loyers allaient grimper tout seuls. Il fallait acheter.

Mme Kayser avait l'air préoccupé. Elle déclara que chaque fois que la région décidait de se lancer dans des projets d'infrastructure, il fallait toujours compter sur des retards importants dans les prises de décision. Avoir des projets est une chose, mais ce qui n'est pas encore décidé n'est pas décidé ! La société immobilière Wanders & Co. n'affichait pas une santé si florissante qu'elle puisse se permettre de se lancer dans des achats spéculatifs sur la base de vagues rumeurs. Les lèvres de Mme Kayser se crispèrent pour ne plus former qu'un trait mince, elle tira un peu sur son tailleur noir et regarda M. Marten d'un air grave, presque sombre.

M. Marten se passa un doigt sur le nez et répondit qu'il ne serait plus temps d'acheter quand tout le monde saurait ce que la Région avait décidé, puisque les prix se mettraient alors à flamber. Mme Kayser était-elle capable de comprendre ce genre de choses ?

Il avait dit cela d'un ton cinglant, mais il arborait en même temps un large sourire. Il regarda autour de lui. Tous les autres le regardaient avec attention car il semblait vouloir poursuivre sa démonstration ; il tenait en effet l'index en l'air, sans toutefois lever le coude de la table. M. Marten s'adressa cette fois directement à Mme Kayser en se tournant vers elle et lui dit d'un ton enjoué : « Chère madame Kayser, la société Wanders & Co. n'affiche pas une santé si florissante qu'elle puisse se permettre d'être timorée dans ses investissements. »

Voilà ! Il peut être très simple de montrer que l'on a de l'esprit. M. Marten a construit sa phrase exactement comme celle prononcée plus tôt par Mme Kayser mais en donnant à cette structure grammaticale un contenu totalement différent. Et cela a suffi, dans une situation aussi tendue, pour provoquer des sourires, et même quelques petits rires, parmi les membres présents autour de la table. Mme Meyerhoff, la secrétaire de direction, solide et bien en chair, éclata même carrément de rire. Mais elle avait l'habitude de rire même après des plaisanteries plus ou moins douteuses. Plus surprenant : Mme Kayser ne put s'empêcher d'esquisser un sourire, se rendant très vite compte que si elle gardait un visage fermé, elle se ferait mal voir de ses collègues.

On déplore souvent le trop grand pouvoir de la rhétorique. Et pas forcément à tort. Il suffit de regarder une émission politique à la télévision, ou un duel entre deux candidats, pour se rendre compte que ce qui compte souvent, ce n'est pas l'argument décisif mais la fluidité des phrases, la pointe ironique, le regard inspirant la confiance, que ce sont ces derniers qui vont décider de la sympathie dont tel ou tel bénéficiera. Et dans un monde trop souvent dominé par le sérieux, l'ennui et l'intempérance, avoir de l'esprit est une arme qu'il faut absolument savoir manier, d'autant plus qu'elle est particulièrement appréciée. Il est en effet très difficile de duper quelqu'un dans une assemblée sans risquer de passer pour un triste sire – nous l'avons vu précédemment. En revanche, l'esprit est une arme à double titre : il rend sympathique tout en masquant habilement le fait qu'il n'est pas utilisé pour le plaisir de tous mais d'abord pour nuire à un adversaire. Qui pourrait en effet ne pas croire que Mme Kayser a été blessée par la remarque de M. Marten ?

Vous vous doutez maintenant de la décision qui a été prise à propos du complexe d'habitations de Dettersheim : on a investi.

Sauf que Mme Kayser avait parfaitement raison : Dettersheim attend toujours la prolongation de la ligne pour être raccordé au centre-ville. Des élections anticipées ont repoussé le projet aux calendes grecques. Les nouveaux élus favorisent maintenant la construction d'une autoroute dont ne peut profiter Dettersheim, situé trop à l'écart. Le complexe immobilier rénové à grands frais, et même agrandi, attend toujours ses premiers locataires. L'agence immobilière appelée à la rescousse et avec qui la société d'investissement travaillait parfois dans des cas aussi désespérés ne s'en sort pas non plus. Un certain M. Walter a certes dépensé son temps sans compter pour attirer les locataires, mais sans grand succès. Bref, cet investissement est une source lancinante de déficit pour la société Wanders & Co.

L'évolution catastrophique de cette affaire ne réduit pas pour autant le pouvoir du mot d'esprit ; elle ne fait que souligner sa particularité : le mot d'esprit a toujours tendance à se moquer de la raison. Il est injuste, il truste les majorités, il est antidémocratique et le signe d'un pouvoir charismatique.

On dit souvent qu'on ne peut pas apprendre à avoir de l'esprit comme on apprend à faire du vélo ou à nager. C'est juste : avoir un esprit affûté est un don des dieux. Il est néanmoins possible d'en acquérir les mécanismes de base : exagérer les choses de façon plaisante par exemple, ou bien commenter de manière ironique une caractéristique personnelle (un accent provincial, une taille, un titre universitaire).

Mais ceux qui font des efforts pour avoir de l'esprit tombent souvent dans le travers d'exagérer inconsidérément. Rien de plus fastidieux que ces gens toujours en train de faire des blagues comme si c'était leur nature fondamentale et primitive de distraire le monde qui les entoure. On voit très bien dans le cas de M. Marten qu'il est important de passer directement du plus grand sérieux au mot d'esprit, au lieu de se perdre dans des plaisanteries.

Les mots d'esprit sont tellement appréciés qu'on pardonne à leurs auteurs des défauts généralement peu prisés : l'agressivité, comme on l'a vu dans le cas de cette conférence, ou la vanité. C'est ce qu'a bien montré un jour Kafka, pourtant réputé pour sa timidité, dans une lettre adressée à son éditeur. Il lui avait remis quelques manuscrits et, comme aucune réponse ne venait, il se décida à lui écrire : « Je serais maintenant très heureux si ces choses vous plaisaient au point que vous vouliez les éditer. Car même si on a l'œil exercé, on ne se rend finalement pas compte au premier regard de tout ce qu'il y a là de mauvais. »

18

Susciter la confiance

Un homme parlait récemment de son médecin traitant. Ce dernier lui avait dit, au cours d'un examen assez long, qu'il avait toujours du mal à avoir des informations véridiques sur les habitudes de vie de ses patients, surtout les hommes. Certains messieurs arrivaient le matin tout pimpants, rasés de près, parlant du temps merveilleux qu'il faisait et d'autres banalités, alors qu'il les avait examinés auparavant et s'était rendu compte, suite aux analyses de sang qu'il leur avait prescrites, que leur foie était dans un état inquiétant.

Le médecin leur demandait franchement s'ils buvaient de façon immodérée. Les patients se mettaient alors à rire très fort comme pour masquer leur gêne. Quelle quantité avaient-ils l'habitude de boire ? Il récoltait invariablement la même réponse : il y avait eu une soirée un peu arrosée, ou bien ils étaient partis en voyage d'affaires et s'étaient un peu laissés aller, etc.

Le médecin, qui avait une barbe et une voix grave et sonore – ce qui lui valait une large clientèle féminine –, disait que, face à ces messieurs qui avaient tendance à masquer ou sous-estimer de façon éhontée leur consommation d'alcool, il avait pris l'habitude de commencer la consultation en jouant la désinvolture et en avouant sur un ton joyeux que lui-même ne pouvait pas sortir le matin et aller au travail sans prendre un petit schnaps, ne serait-ce que pour stimuler la circulation du sang. Cette ruse lui permettait de faire parler ses patients. Il lui semblait même que certains exagéraient alors leur consommation d'alcool sur le ton de la fanfaronnade. Par ce stratagème, il en était arrivé à cerner une composante essentielle du comportement humain : on ne peut susciter la confiance des gens qu'en leur confiant soi-même des choses.

Il s'agit là d'un médecin très avisé, même si effectivement il lui arrive très souvent de prendre un schnaps avant de se rendre à son cabinet. Car ce qui importe, c'est de capter la confiance des autres par quelques indiscrétions sur sa propre vie. Mais cette stratégie bénéfique en soi est aussi semée d'embûches ! Chaque aveu est en effet une carte que l'on abat : l'entreprise n'est pas sans risque. En règle générale, il est donc conseillé d'éveiller la confiance en faisant un aveu qui semble avoir de l'importance aux yeux de l'autre mais qui n'en a en fait aucune.

Vous faites la connaissance d'un nouveau collègue de travail : il s'appelle Sebastian Senner, il est jeune, il est sportif et bronzé. Il est un peu dépassé par tout ce qu'il apprend et découvre dans cette entreprise nouvelle pour lui, et il vous sait gré de le prendre un peu en main et de lui expliquer différentes choses pendant la pause de midi, tout en mangeant une salade chichement garnie de fromage de chèvre. Vous en arrivez très vite à la conférence qui a eu lieu le matin même, au début de laquelle votre chef a pris la parole pour déplorer, le visage soucieux, le retard pris par divers projets et pour demander un plus grand engagement dans le travail.

Le chef pointait ce manque de motivation avec des phrases certes fluides qui n'avaient apparemment rien de menaçant, mais néanmoins inquiétantes pour qui connaissait le sort de certains collaborateurs pas assez impliqués.

Après ce bref retour sur la désagréable conférence du matin, vous vous penchez par-dessus la table en adressant un sourire de comploteur à Sebastian Senner. Non sans avoir d'abord jeté un coup d'œil rapide autour de vous. Il n'est en effet pas exclu qu'un collègue de travail, ou même votre chef, prenne justement son repas dans ce petit restaurant, le visage caché derrière un journal mais les oreilles aux aguets. Puis vous murmurez à Sebastian que le chef, il a bien dû s'en apercevoir déjà, est l'homme le plus paresseux qui soit et qu'il n'a qu'une qualité marquante : répartir le travail qui arrive, l'éloigner le plus possible de sa personne et se décharger ainsi sur les autres des décisions qu'il a du mal à prendre. Cette façon de répartir les tâches peut donner une impression d'intense activité, mais la plupart des collègues ne sont pas dupes ; ils ont bien vu sa véritable incapacité.

Or il faut savoir que Sebastian Senner, le jeune programmeur, qui, pendant votre discours fielleux, ne sait pas bien comment se comporter et opine sans acquiescer pour autant, a été débauché par votre supérieur dans une société concurrente. Il est donc entièrement dévoué à ce chef, un manager d'une cinquantaine d'années souffrant d'un léger surpoids, donnant toujours l'impression d'être essoufflé et dont le visage est souvent rouge comme s'il souffrait d'une tension trop forte, d'autant plus que l'offre d'embauche a été assortie d'un salaire confortable. Il est désormais en droit d'imaginer une brillante carrière dans cette société.

De votre côté vous savez que Sebastian Senner, qui ne manque sans doute pas de talent, peut effectivement devenir un concurrent dangereux pour vous, d'autant qu'il est loin de passer pour un médiocre dans la spécialité qui est la vôtre, le design informatique.

On peut donc facilement supposer dans ces conditions que votre impromptu hardi, votre façon de dire du mal de votre supérieur, était une erreur. C'est en tout cas ce que pense aussi Sebastian, qui, sans rien dire, vous regarde en souriant, comme un petit naïf.

Deux semaines plus tard, il est convoqué par son chef pour un entretien privé. Au moment où Sebastian entre dans son bureau chichement aménagé, le chef est en train de boire un café au lait en mangeant un croissant et en parcourant les gros titres des journaux étalés sur son bureau. Se renversant sur son siège, il se dit content que tout se passe bien pour Sebastian et que celui-ci se sente à l'aise dans sa nouvelle société. Il ajoute que le projet auquel il est associé semble lui convenir et qu'il fait de rapides progrès.

Suivent quelques amabilités sans importance. Puis, vers la fin de la conversation, le chef demande en passant ce qu'il pense de ses collègues. Semblant soudain pris de remords, Sebastian Senner lui lance un regard tourmenté, comme s'il avait du mal à dire toute la vérité.

« Ça reste bien sûr entre nous ! » s'empresse alors d'ajouter son supérieur. Sebastian Senner, qui a aussi vu en vous un concurrent potentiel, fait alors état de la discussion au restaurant. Il ajoute qu'il considère comme un devoir de lui faire part du fait que vous intriguez contre lui, en qui il a si grande confiance, de si méchante façon.

« Ah bon ? » dit le chef en mordant dans son croissant et en jetant à Sebastian un regard sévère, presque hostile, au grand étonnement de ce dernier. Puis, prétextant un coup de fil important à donner, il lui fait comprendre qu'il faut quitter le bureau.

Votre supérieur, qui travaille avec vous depuis de nombreuses années, est naturellement plus enclin à vous faire confiance qu'à un jeune collègue qu'il ne connaît pas encore. Seul, il réfléchit en regardant d'un air vaguement mélancolique par la fenêtre et en arrive à la conclusion que Sebastian Senner n'a pu qu'inventer toute cette médisance dans le seul but de vous nuire. Et il ne peut s'empêcher de se dire en se frottant le ventre que c'est vraiment terrible de devoir faire face à ce genre de risque à chaque nouvelle embauche.

D'ailleurs votre supérieur est tout sauf fainéant ; la seule chose qu'on puisse vraiment lui reprocher c'est d'avoir fait sienne une maxime de Gracián, qu'il n'a pourtant jamais lu : « Faire soi-même ce qui rapporte des faveurs ; faire exécuter par d'autres ce qui rapporte des défaveurs. »

Il est maintenant facile d'imaginer qui va se voir confier des projets intéressants et utiles pour la suite de sa carrière. Bien évidemment vous, et pas votre concurrent qui a trop vite cherché à tirer profit de ce qu'il avait entendu, négligeant ainsi une règle de base dans l'art de la dissimulation : ne jamais se précipiter lors d'importantes opérations stratégiques.

Cette histoire nous permet de comprendre facilement que l'on ne peut faire allégrement confiance à quelqu'un que lorsque l'on est en position de force : celle du médecin envers un patient, celle d'un ancien collaborateur envers un nouveau collègue. Avec un peu de chance, cela peut apprendre toutes sortes de renseignements sur l'autre, qui peuvent se révéler utiles par la suite.

Tous les autres, surtout s'ils ne connaissent pas suffisamment le milieu où ils commencent à évoluer, doivent se montrer prudents dans les manifestations de confiance et adopter la maxime disant qu'il ne faut afficher un secret que si celui-ci n'est important qu'en apparence. L'envie de s'ouvrir sans réserve aux autres peut en effet avoir des conséquences très fâcheuses. Malheureusement, l'envie de divulguer un secret, même à contretemps, est toujours très grande.

19

Briller grâce à la culture

Avoir un peu de culture pour briller en société est une chose qui plaît beaucoup. Mais celui qui en use peut facilement être soupçonné d'arrogance. Il convient donc de toujours montrer sa culture sans la moindre prétention.

Quoi qu'il en soit, la première chose à faire, c'est de chercher, comme le font Frank et son amie Angelika, un appartement qui révèle un certain niveau de culture. Si, comme notre couple, vous avez dans la trentaine, il faut absolument que cet appartement soit situé dans un quartier pas encore entièrement réhabilité ; il peut tout à fait y avoir des graffitis sur les murs des immeubles, et si quelquefois un SDF vient s'y perdre – à la seule condition que ça n'arrive pas de façon trop fréquente ou régulière –, c'est idéal pour montrer que l'on n'est pas petit-bourgeois. En dessous de la quarantaine, ne jamais habiter dans des quartiers susceptibles de vous attirer de la part de vos amis des moqueries sur le fait qu'il n'y a là que de vieilles veuves riches. Toujours préférer ceux en pleine transformation ou réhabilitation et en passe de devenir très cotés.

Si les ouvriers qui crachent sur le trottoir et sifflent en se retournant sur les femmes sont doucement repoussés à l'extérieur, il faut quand même qu'il en reste quelques-uns. Il faut aussi quelques étrangers pauvres, dans la mesure où leurs enfants ne remplissent pas les crèches et forment une minorité si ténue qu'ils en oublient bientôt leur langue maternelle. Mais il doit en subsister un certain nombre dans le paysage pour que vos visiteurs puissent s'extasier sur le caractère si agréablement métissé et plein de vie de l'endroit où vous habitez. Les homosexuels sont absolument nécessaires. Surtout les garçons de café qui ondulent gracieusement des hanches entre les tables. Bref, le quartier doit être un tantinet à la dérive aux yeux des parents, ce qui donnera ensuite aux enfants devenus adolescents une douce appétence pour la rébellion.

L'appartement d'Angelika et Frank est également plaisant grâce à ses hauts plafonds, son grand balcon et son vrai parquet ancien. Ils ont un canapé lie-de-vin sur lequel ils aiment bien se prélasser tendrement. Frank est architecte et après être resté quelque temps à son compte, ce qui n'est pas allé sans heurts, il a trouvé un emploi fixe. Angelika est photographe, et s'est récemment fait créer par Frank une page Web pour avoir davantage de contrats.

Notre jeune couple aime bien lire et au fil des années ils ont accumulé un certain nombre d'ouvrages. De la littérature mais aussi des livres sur des thèmes précis (par exemple le bonheur), ou des beaux livres avec des photos, ou des livres de cuisine richement illustrés – ainsi que toute une série d'ouvrages ayant trait à l'architecture et son histoire, que Frank s'est procurés plus par conscience professionnelle que par véritable passion.

Ces livres sont rangés sur des étagères blanches montant jusqu'au plafond, dans le salon. On arrive néanmoins facilement à atteindre celles du haut grâce à un escabeau en acajou gagné par abonnement à un grand quotidien. Cet escabeau peut se replier pour devenir une petite chaise, mais il n'a encore jamais été utilisé à cet effet.

Un soir d'automne – on entend au-dehors le bruit des feuilles foulées par les passants –, le chef de Frank, Jürgen, est invité à dîner avec son épouse. Comme il est courant maintenant, Frank a une relation amicale avec son chef : ils se tutoient au bureau, boivent parfois un café ensemble, etc.

Cela nous ferait trop déborder du cadre de notre sujet s'il fallait décrire avec quel soin et quelle débauche d'énergie, au cours de ce samedi après-midi, notre jeune couple a préparé le menu du soir, qui doit obligatoirement compter une entrée, un plat et un dessert. Après mûre réflexion, ils se sont décidés pour un plat principal qui ne se distingue pas par son extravagance mais au contraire par une simplicité de bon aloi. Un plat simple mais soigneusement préparé pour que l'ambiance ne soit pas trop guindée : des pâtes à la sicilienne, la surprise venant de ce que ces pâtes sont mélangées à des rondelles de pommes de terre non épluchées. Le *pesto* est bien entendu fait maison, ce qui est d'ailleurs beaucoup moins compliqué qu'on ne le croit généralement (100 g de basilic – c'est-à-dire un ou deux bouquets –, 3 cuillères à soupe de pignons, 2 gousses d'ail, 5 cuillères à soupe de parmesan râpé, du sel et du poivre. Mélanger et broyer tous les ingrédients ensemble pour obtenir une pâte assez fine. Verser lentement 120 ml d'huile d'olive vierge pressée à froid tout en remuant et rajouter si nécessaire du sel et du poivre).

Si la soirée ne s'est pas déroulée comme l'espéraient nos deux tourtereaux, cela ne vient pas d'une quelconque défaillance dans le repas, qui fut au contraire encensé à un point tel qu'on aurait même été en droit de se poser des questions. En goûtant le mélange de pâtes, de *pesto* et de pommes de terre, Jürgen, la bouche encore pleine, ne put s'empêcher de faire un long « Humm » aussitôt confirmé par un mouvement de tête et un « Ah oui vraiment ! » de son épouse. (L'épouse du chef, il faut bien le dire, travaille comme lectrice dans une maison d'édition spécialisée en architecture. Elle a fait la connaissance de Jürgen, qui a vingt ans de plus qu'elle, lors de l'écriture en commun d'un livre ambitieux. Elle avait en fait photographié un ensemble d'habitations novatrices et hardies conçu par le bureau de celui qui allait devenir son mari – intérieur et extérieur – et avait fait précéder le tout d'un essai très intelligent rédigé par un spécialiste de la culture. L'un dans l'autre, cette aventure éditoriale ne se révéla pas un franc succès, puisque seuls sept cents exemplaires furent écoulés, mais ce fut le début d'un grand amour.)

Avant de passer aux conversations de table, il convient de mentionner rapidement que la réception des invités se fit selon les codes typiques du moment. Si l'on se remet à accorder de l'importance aux bons usages, l'incertitude demeure sur la façon de se comporter. Lorsque Frank et Angelika ouvrirent la porte et se retrouvèrent face à leurs invités, il y eut un petit moment de flottement. Une foule de choses traversèrent alors la tête d'Angelika : devait-elle embrasser sur la joue la femme de Jürgen, qu'elle rencontrait pour la première fois, ou devait-elle d'abord serrer la main de Jürgen ? Ou bien d'abord faire une bise à Jürgen et le laisser présenter sa femme à ses hôtes ?

Quoi qu'il en soit, on ne peut dénier à ces derniers la volonté de respecter les formes : Frank salua l'épouse de son chef en l'embrassant sur la joue – trois fois, en changeant chaque fois de joue. Mais l'épouse du chef s'attendait à une quatrième bise et ce quiproquo faillit engendrer un heurt entre les deux têtes ; fort heureusement la jeune épouse du chef eut la présence d'esprit de rire en toute simplicité de ce petit cafouillage. Au même moment, Angelika prenait le manteau de Jürgen, qui, une fois débarrassé de son vêtement, tendit la main à Frank. Ces dames furent ensuite présentées l'une à l'autre par Frank et, sans vraiment savoir ce qu'elles devaient faire, elles se tendirent aussi la main. Dans la confusion des présentations, Jürgen et Angelika oublièrent de se saluer, mais comme la conversation démarra aussitôt, cela ne porta pas à conséquence.

Les plats ne furent pas les seuls à être très appréciés. Le vin aussi, un bordeaux saint-estèphe, parut faire l'unanimité. En tout cas, Jürgen fit quelques remarques très positives à son sujet. D'une façon générale, Jürgen faisait sur ses hôtes l'impression de quelqu'un qui aime bien parler, mais comme il était de loin le plus âgé (né en 1946) et que tout ce qu'il disait s'appuyait sur une longue et riche expérience (révolte des étudiants, trois mariages, une brillante carrière), personne ne lui déniait son rôle de maître de la conversation.

La seule chose qui gêna Angelika – elle s'était bien rendu compte que Jürgen, dont les rides donnaient à son visage quelque chose de charismatique, était très bel homme en dépit d'un léger embonpoint –, c'est que dès le troisième verre il se mit à parler architecture, soutenu en cela par son épouse au maquillage très discret.

Jürgen déclara que l'architecte qu'il préférait de loin était Hans Scharoun. Il fit part de son enthousiasme pour une maison construite par Scharoun dans le quartier de Weissenhof à Stuttgart et parla aussi de façon très judicieuse de la cité Siemens à Berlin, à laquelle Scharoun avait participé et qui pouvait toujours servir de modèle, d'une certaine façon, pour les projets d'habitations actuels. Jürgen racontait tout cela de façon fort agréable car, n'étant pas obligé de compléter ce qu'il disait par des schémas théoriques compliqués, il agrémentait son récit de petites anecdotes. Portée par le récit de Jürgen, Angelika commença à se faire une idée très vivante de ces enfants d'ouvriers qui, bien que très pauvres et portant des vêtements sales, regardaient cette cité modèle imaginée par Scharoun avec de grands yeux émerveillés.

Il est facile de comprendre que Frank, qui avait quelques verres d'avance sur ses invités, se sentit obligé de compléter les développements de son chef par quelques phrases bien senties sur Scharoun.

Mais l'affaire tourna si mal qu'Angelika en a encore des frissons dans le dos rien que d'y repenser – et elle n'a surtout pas envie de revivre ça.

Pressé de faire bonne impression, Frank se mit en effet à soutenir des thèses si insensées qu'elles parurent douteuses même à Angelika, qui pourtant n'y connaissait pas grand-chose en architecture. Non seulement il situa à Hambourg le musée de la Marine conçu aussi par Scharoun mais, gratifiant ce bâtiment d'appréciations plus ou moins confuses, il dit qu'il s'agissait d'une architecture typique des années 80. Jürgen répondit que, pour autant qu'il le sache, le bâtiment avait été construit en 1969. Bien sûr, dit Frank, mais, s'il pouvait se permettre de s'exprimer ainsi, Scharoun avait préparé et anticipé l'architecture des années 80. Voilà ce qu'il voulait dire. « La postmodernité ! » Jürgen se racla la gorge.

Comme il était enclin à la politesse, il ne corrigea pas non plus son collaborateur lorsque ce dernier déclara qu'il avait dû être très difficile pour Scharoun de quitter l'Allemagne au moment de la montée du national-socialisme. Et Frank de jeter à la ronde un regard douloureux, comme s'il était personnellement affecté par le calvaire de ce grand architecte.

Au grand dam de Frank, c'est la jeune épouse de Jürgen qui se chargea de le moucher et qui, le regard excédé, dit d'une voix pointue que Scharoun n'avait jamais quitté l'Allemagne nazie. Puis elle lança un regard moqueur à Angelika qui, après un petit moment de silence où personne ne parla, s'enquit d'un ton joyeux : « Est-ce que quelqu'un a envie d'un espresso ? »

Le lendemain, Frank dit à Angelika, en train de faire la vaisselle en silence, qu'il avait confondu Scharoun avec un autre architecte. Mon Dieu, ça pouvait arriver. « Tu t'es comporté comme un imbécile », répondit-elle en secouant la tête. Frank lui lança alors une repartie si détestable que, les mains encore mouillées, Angelika fila dans le couloir prendre sa veste et sortit dans dire un mot. Elle entra dans un café surtout fréquenté par les mamans du quartier où l'on passait souvent des chansons françaises. Elle n'arrivait pas à oublier ce qui s'était passé la veille. Confondre Scharoun avec quelqu'un d'autre ! Elle fit alors ce qu'elle n'avait plus fait depuis des années : elle acheta un paquet de cigarettes et s'en alluma une. Mais elle avait à peine tiré deux bouffées qu'elle fut vertement admonestée par le patron qui lui dit qu'il était interdit de fumer ici.

Si Frank avait doucement changé de sujet, il aurait pu évoquer l'université de Weimar datant de l'époque du Bauhaus, qu'il connaissait très bien pour l'avoir visitée, et son chef ne l'aurait pas considéré comme un véritable inculte. Le mieux aurait quand même été que Frank prenne un air intéressé et commence par poser des questions à Jürgen sur certains détails des réalisations de Scharoun. Adopter la pose de l'élève avide d'apprendre. Cela aurait été fort habile, car tous ceux qui connaissent bien Jürgen savaient qu'en fait il n'était pas du tout un expert de Scharoun. Autre solution : acquiescer d'un hochement de tête entendu aux paroles de quelqu'un parlant d'un sujet que l'on ne connaît pas. Les gens qui savent ne pas parler inutilement sont toujours bien vus.

P-S. Baltasar Gracián a écrit cette belle phrase : « Ne pas devenir paradoxal par souci de ne pas paraître trivial. » Par peur d'avoir des idées trop simplistes, certains se réfugient dans des thèses fumeuses qui ne suscitent guère de sympathie.

P-P-S. Soit on est cultivé, soit on ne l'est pas. Si on ne l'est pas, il est bon de se faire un petit catalogue de phrases pénétrantes, afin de pouvoir briller en société. Comme disait Oscar Wilde : « La seule différence entre le saint et le pécheur, c'est que le saint a un passé et le pécheur un avenir. » On peut aussi citer (pour des occasions choisies) le grand Heimito von Doderer : « Il faut parfois savoir s'éloigner d'une personne pour pouvoir la trouver. »

20

Être mystérieux

Nous avons encore progressé d'un grand pas ; pour être plus complet, nous avons vu quel rapport il convient d'avoir avec l'alcool et le mot d'esprit, quelles mesures de prudence il faut adopter avant de témoigner sa confiance, et qu'il ne faut jamais hésiter à montrer sa culture, pourvu que ce soit de façon modeste. Nous allons aborder dans ce chapitre la question de savoir s'il est préférable de laisser l'impression qu'on a de l'humour ou de rester auréolé de mystère. Il y a en effet des gens captivants et des gens envoûtants. Les premiers se distinguent par leur humour, les seconds par leur mystère.

Les gens qui ont de l'humour sont appréciés parce qu'ils savent distraire et que leur bonne humeur est contagieuse. Personne n'a peur d'eux, ils sont partout les bienvenus. Il ne faut pas confondre, à ce stade, les gens qui ont de l'humour avec les gens qui ont de l'esprit, comme l'homme que nous avons rencontré un peu plus tôt lors d'une conférence immobilière. Celui qui a de l'esprit use de paroles tranchantes, alors que celui qui a de l'humour a une approche aimable et parfois même naïve. Il est là devant nous avec son rire franc et ses bras largement ouverts.

Nous connaissons tous ces hommes capables de séduire une femme par leur humour. Ils peuvent faire cuire un rôti de façon presque sensuelle et mener en même temps une conversation pleine d'allant. La femme qui se retrouve face à ce genre d'homme ne tarde pas à être éblouie par sa gaieté, et au fil de la soirée elle en arrive tout naturellement à la conclusion : « Comme il est mignon ! », oubliant généreusement le ventre qui déborde un peu par-dessus le jean. Surtout si l'homme plein d'humour a réussi dans la vie. Son principal point faible est d'être aimé plutôt que désiré dans un tourbillon érotique, sa plus grande chance est d'être parfois sous-estimé. Il ouvre sans peine les cœurs, car il passe pour généreux. On se confie facilement à lui. C'est ainsi qu'au fil du temps il engrange les peines des autres.

Il en va tout autrement des êtres mystérieux. Face à eux, nous nous sentons frémir dès l'abord ; et en même temps ces personnes qui parlent peu mais chez qui nous devinons un passé fascinant nous attirent. Un passé certainement douloureux mais qui les a mûries pour en faire des individus hors normes. Ceux-ci parlent peu mais quand ils disent quelque chose on a l'impression que c'est à la fois profond et lumineux.

Dans les réceptions, le personnage mystérieux se tient toujours un peu à l'écart, mais ne donne pas l'impression d'être perdu. Si l'on devine un soupçon de mépris sur son visage, il n'a rien de repoussant pour autant. Tout ce qui l'entoure n'est-il pas en effet que bavardage futile et prosaïque ? L'individu mystérieux possède une beauté sombre. Nous avons envie de lui adresser la parole, mais nous n'osons pas ; nous aimerions l'embrasser mais nous redoutons ses lèvres. Il laisse entrevoir du sens, à une époque qui en cherche.

Vous avez donc de la chance si vous en faites partie, mais vous n'êtes pas venu au monde ainsi nanti ; votre aura, vous l'avez conquise de haute lutte. Les êtres mystérieux ne se livrent que par petites touches : un numéro de téléphone, un rire, un vêtement. L'érotisme repose sur l'économie du savoir. Voilà pourquoi chaque révélation ne fait que créer un nouveau mystère, plus insondable encore. Toute personne amoureuse d'un être mystérieux n'a qu'une seule envie : découvrir ce mystère. Voilà comment on tombe dans ses rets.

Les êtres mystérieux sont puissants. Ils créent des dépendances destructrices. Ils laissent ceux qui les aiment dans le flou. Ils ne répondent pas au téléphone quand on a pourtant très envie de leur parler. Ils se dérobent toujours, engendrant le chagrin. Les rencontres avec eux sont toujours brèves. On comble le mystère de conjectures. Les êtres mystérieux cachent qu'ils n'ont en fait aucun mystère à cacher.

Leur principal défaut : être désirés dans un tourbillon érotique plutôt qu'aimés. Leur plus grande chance : être parfois surestimés.

Le virtuose dans l'art de la dissimulation est capable d'allier les deux : être à la fois plein d'humour et de mystère, selon ce qu'exige son objectif. Les autres se disent toujours qu'ils sont devant des traits de caractère innés.

Les gens pleins de mystère sont beaux. Les gens pleins d'humour sont adorables.

21

Simuler un compromis

Ah ! Encore ce rendez-vous ! Après avoir jeté un regard incrédule dans votre agenda, vous appelez votre secrétaire, Karin Sentmüller : « Le rendez-vous avec Kai Lantzer, c'est pour tout de suite ?

— Oui, répond votre secrétaire, c'était convenu comme ça.

— On ne pourrait pas le repousser ? » Mais vous adressez plutôt ces paroles à vous-même. Votre secrétaire vous rappelle que vous avez déjà annulé le rendez-vous la semaine dernière. « Oui, je sais, répondez-vous, mais il lui faudra attendre un peu. Je veux d'abord prendre l'air. »

Vous raccrochez, prenez un classeur pas très épais sur votre bureau, enfilez votre manteau. Cinq minutes plus tard, vous vous retrouvez dans un petit restaurant qui a aménagé un coin fumeurs. Vous commencez par allumer une cigarette. Depuis que le comité d'entreprise a imposé un respect rigoureux de la législation sur le tabac dans votre maison d'édition, suite à la plainte de quelques collaborateurs, vous n'avez même plus le droit de fumer dans votre propre bureau. Bien sûr, vous le faites quand même – vous êtes le directeur –, mais vous ne vous accordez cette entorse au règlement qu'en début de soirée, lorsqu'il n'y a pratiquement plus personne.

Vous commandez comme toujours un double espresso avec du lait et vous commencez à feuilleter le mince classeur qui contient les salaires de tous les collaborateurs de votre maison d'édition. Kai Lantzer, pas de doute, un bon élément, encore jeune, la petite trentaine. C'est vous qui l'avez découvert et embauché. Assez actif et débrouillard. Vous ne pouvez vous empêcher de sourire en repensant à la façon dont il vous a procuré, l'an dernier, les droits de traduction d'un gros roman anglais sur les bombardements allemands pendant la guerre. Les livres sur les nazis, c'est sûr, ça marche toujours, surtout s'ils sont bien faits, mais aligner une somme à six chiffres, impensable pour l'édition allemande – ça faisait hésiter les têtes chauves des autres éditeurs. « Ça ne va rien rapporter ! Vous êtes fou de vous lancer là-dedans », ont-ils dit à l'époque. Or, voilà que ça semble rapporter ! Une fois encore grâce à Lantzer, qui a su convaincre un magazine de sortir une édition partielle de l'ouvrage. Ce magazine a même ouvert un site spécial pour le livre, ce qui ne peut que vous réjouir puisque tout cela revient à une gigantesque publicité gratuite. Et puis il y a eu aussi ce succès inattendu d'un jeune auteur dont Kai Lantzer s'est occupé sans compter et qu'on était près de laisser tomber. Un mince volume, mais qui a obtenu la septième place sur la liste des meilleures ventes.

Un brave garçon, ce Kai Lantzer, peut-être un peu trop engagé, il ne tardera pas à se calmer. Mais qu'il demande à vous voir et veuille vous parler d'une augmentation avec le regard bravache qui lui est propre, voilà qui ne vous fait pas du tout plaisir. Durant ces derniers mois, en effet, les dépenses ont été importantes. Soutenus par des agents rapaces, les auteurs deviennent de plus en plus impudents ; ils réclament des avances… Vous faites une grimace : toujours cet élancement dans la région de l'estomac. Il faut absolument que vous alliez voir le médecin. Vous poussez un soupir. Ah ! on n'a plus de temps pour soi, tout le monde vous réclame quelque chose ; il y a toujours quelqu'un pour frapper à la porte de votre bureau, ici une conférence, là une signature, et puis cette histoire avec Karin dont vous ne pouvez plus vous dépêtrer. Encore deux ans jusqu'à la retraite – que vous n'attendez pas avec impatience. La foire d'empoigne pour votre poste a déjà commencé. Cette avidité ! Vous avez encore deux ans pour monter vos possibles successeurs les uns contre les autres. Ces gougnafiers ! Ils ne font pas le poids. Une fois que vous ne serez plus là… difficile à imaginer ! Et votre femme. Pas vraiment un exemple de soutien. Elle a commencé des études par correspondance et fait aussi du yoga. Elle n'embellit pas non plus. Le soir quand vous rentrez, elle se répand en lamentations : vous l'auriez bloquée dans son développement, c'est toujours elle qui s'est occupée des enfants, etc.

Toute vie n'est-elle qu'un roman de gare ? En tout cas, la vôtre, vous ne l'éditeriez pas.

« Et maintenant un verre de vin ? » La question est venue comme de nulle part. Vous levez les yeux. Jolis seins, la serveuse. Vous esquissez un sourire : « Oui, comme d'habitude. »

Vous allumez une autre cigarette. Vous êtes le chef et jamais vous ne devez être ponctuel pour une discussion sur une augmentation de salaire. C'est très bien que Lantzer mijote encore un peu. Le vin est tellement vite servi ! C'est bien. Un peu de vin dans la journée vous donne toujours du punch. Vous voilà de nouveau en forme.

« Ah ! Monsieur Lantzer ! Venez, venez ! » Vous simulez dans le couloir un certain empressement et conduisez Lantzer dans votre bureau. « C'est bien que l'on puisse enfin parler tranquillement. Je suis désolé pour mon retard mais vous ne pouvez pas imaginer ce que c'est, tous ces rendez-vous… Asseyez-vous, je vous en prie. Vous voulez un café ? Oui ? Karin… euh… madame Sentmüller ! »

Pendant que vous vous êtes absenté encore une fois (il vous faut aller aux toilettes et vous vous en excusez), Kai Lantzer inspecte du regard votre bureau. « Pas mal du tout, se dit-il. Des étagères de livres surchargées ; ce grand tableau surréaliste au-dessus de votre bureau qui déborde de partout, on peut y voir un énorme tigre. Bon ! » En revanche, le panorama sur la ville et la masse animée des passants à travers la grande baie vitrée plaît beaucoup à Kai Lantzer. Lui, son bureau donne sur la cour intérieure ; c'est une pièce sombre qui pèse sur le moral, surtout en hiver, comme maintenant. Mais le principal c'est que le salaire fasse un bond en avant.

Karin Sentmüller arrive en souriant, elle pose les deux tasses de café sur la table en verre entre les deux fauteuils et repart en faisant claquer ses talons hauts.

C'est à ce moment que vous revenez dans le bureau : « Merci, madame Sentmüller ! » lui lancez-vous de loin. Vous vous asseyez en face de Lantzer. Vous êtes très calme, concentré, et vous entrez tout de suite dans le vif du sujet. « Cher monsieur Lantzer, vous savez que je suis vraiment très satisfait de votre travail. Vous constituez – et je le dis sans ambage – un élément important de notre maison. Vous êtes encore très jeune. Il faut parfois savoir être un peu patient. Je suis aussi passé par là autrefois. Malgré tout, je vais faire en sorte que vous soyez augmenté de 150 euros ! »

Kai Lantzer blêmit, vous regarde, sa lèvre supérieure frémit d'une façon peu esthétique, puis il demande, incrédule : « 150 ?

— Oui ! » lui répondez-vous d'un air radieux.

Kai Lantzer ne dit mot.

Vous buvez une gorgée de café et faites comme si vous alliez vous lever : « Bon, la réunion ne va pas tarder à commencer, on se revoit dans une demi-heure... »

Kai Lantzer vous interrompt : « 150, c'est trop peu. »

Vous replongez dans votre fauteuil et prenez un regard surpris : « Trop peu ? Je suis stupéfait. Ça fait... Laissez-moi calculer le pourcentage d'augmentation...

— 600 ! dit Kai Lantzer sans fioritures.

— 600 ! » Vous levez les bras au ciel et le regardez totalement sidéré, comme s'il venait de vous avouer qu'il a commis un horrible meurtre. Puis vous secouez lentement la tête : « Impossible ! Totalement impossible ! »

Vous subodorez bien entendu ce que Kai Lantzer a l'intention de vous dire : une autre maison d'édition a pris contact avec lui, il a déjà eu un entretien, etc.

« Écoutez ! murmurez-vous d'un air pensif, je vais vous faire une proposition. » Votre voix s'est affermie et ne supporte aucune contradiction. « Reprenons cette conversation la semaine prochaine. Nous n'allons pas nous mettre d'accord du premier coup, me semble-t-il. Je vais voir ce que je peux faire pour vous. La semaine prochaine ? Même heure ? Parfait ! »

Vous ferez encore repousser ce nouveau rendez-vous de deux jours par Karin Sentmüller (à cause d'un week-end prolongé dans le Palatinat que vous n'avez pu refuser, vu l'insistance de votre femme, le tout avec randonnée obligatoire et dégustations de vins, etc.). Et lorsque vous retrouverez Kai Lantzer pour la poursuite des négociations (une fois de plus vous arriverez légèrement en retard), vous commencerez par un long préambule : vous louerez ses grandes qualités (son habileté à négocier, son sens de la langue, etc.) de façon encore plus exagérée que la première fois jusqu'à ce qu'il se déride et affiche un sourire flatté. « Notre maison court en ce moment un grand risque financier. Je suis confiant mais il faut voir si notre roman anglais sur les nazis va tenir ses promesses. » En dépit des risques invoqués, vous lui proposez maintenant 200 euros d'augmentation. Impossible de faire plus. Vous le priez de bien comprendre la situation.

Vous avez envisagé trois éventualités. Si ce que Kai Lantzer avait l'intention de vous dire la semaine dernière est juste (l'offre d'une autre maison d'édition) – mais vous n'y croyez guère –, il va maintenant en parler franchement et négocier pied à pied. Dans ce cas, vous lui accorderez ses 600 euros d'augmentation.

Sinon Kai Lantzer négociera pied à pied quand même. Dans ce cas, et sans risque de perdre la face, vous lui donnerez 400 euros.

Mais c'est la troisième possibilité qui l'emporte.

Kai Lantzer vous regarde d'un air déçu, hausse les épaules et dit qu'il espérait plus. « Retrouvons-nous dans six mois et reparlons-en, lui dites-vous. Il y a une chose que je ne voudrais pas, c'est que vous vous sentiez mal à l'aise chez nous. »

Vous vous séparez dans une atmosphère relativement apaisée. Votre proposition de vous rencontrer à nouveau dans six mois semble l'avoir tranquillisé. Et comme, c'est vrai, vous n'avez aucunement l'intention de démotiver Kai Lantzer, vous lui dites au moment où il va passer la porte : « Encore un détail, monsieur Lantzer. Je me suis dit que l'on pourrait en fait passer au "tu". » Vous lui tendez la main : « Hermann.

— Kai », dit Kai Lantzer.

Toute négociation doit laisser l'impression que l'on s'est finalement rencontrés au milieu du gué. Vous maîtrisez cet art à la perfection. Vous le savez. Encore deux ans. D'ici là, personne ne viendra vous en remontrer.

Vous restez encore un moment dans votre bureau et appelez votre secrétaire.

« Karin, mon chou…

— Tu as envie d'aller prendre l'air ?

— Exactement. Et si quelqu'un appelle ou me cherche…

— Tu as un rendez-vous important.

— Exactement. »

Sur le chemin du restaurant, vous sentez de nouveau cet élancement dans l'estomac. Ça va passer. Il fait si beau que ça valait la peine de sortir un peu pour se changer les idées. Vous levez les yeux. Aucun nuage ne vient troubler l'azur.

22

Jouer de sa complexité

Annette Kirchmann, une historienne de l'art de trente-sept ans, décida, plus par ennui que par véritable intérêt, au cours d'un week-end prolongé qu'elle passait sur une île de l'ex-Allemagne de l'Est, de se joindre à la visite guidée d'une maison aux allures de château blottie dans une courbe de la côte et dont le style représentatif du mouvement artistique des années 1900 mariait l'Art nouveau à des éléments de manoir anglais. En tout cas cela lui avait permis d'échapper pour quelques heures à la compagnie d'une amie d'un certain âge qu'elle avait retrouvée ici après bien des années durant lesquelles elles ne s'étaient plus vues et qui se révélait être très hospitalière, même si, contre toute attente, les discussions avec elle avaient quelque chose d'emprunté et de compassé. Les deux amies n'avaient en fait plus grand-chose à se dire et elles passaient des heures devant leur tasse de thé à essayer péniblement de redonner vie à des souvenirs anciens. Cette amie avait autrefois été la chef d'Annette, lorsque cette dernière était encore étudiante et avait travaillé comme assistante dans un institut de sondage. Elle dirigeait alors l'institut et s'était retirée sur cette île après un grave échec professionnel pour, comme elle disait, « se retrouver ». Annette avait l'impression que cette façon de se retrouver n'était pas vraiment bénéfique, à en juger par la façon dont elle avait vieilli, sans compter qu'elle avait perdu presque toute sa vivacité intellectuelle d'antan.

La visite commença par la tour. La guide, une retraitée originaire du lieu, disait que la tour sur laquelle on se trouvait était le point le plus élevé de la région, que l'on appelait le Dornbusch. On pouvait apercevoir des maisons de pêcheurs avec leur toit de chaume, pareilles à des petites taches brunes perdues dans le paysage. « Et là-bas, vous avez le Danemark », ajouta-t-elle en pointant le doigt vers l'horizon en direction de la mer agitée ; et le groupe de visiteurs (essentiellement composé – à l'exception d'Annette Kirchmann et d'un homme entre deux âges – de seniors) se mit à scruter l'horizon en plissant les yeux pour tenter de discerner quelque chose au loin. Effectivement, avec un peu d'imagination on pouvait imaginer les contours d'une île danoise qui se détachait à peine de l'horizon vaporeux.

La visite des différentes pièces, toutes décorées dans le style Biedermeier, permettait d'apprendre différentes choses ; la demeure avait appartenu à un artiste plus connu déjà de son vivant pour son esprit sociable que pour ses œuvres. L'écrivain Thomas Mann avait été invité à passer quelques jours ici, ainsi qu'Albert Einstein et Sigmund Freud. La guide se perdait dans un flot de détails inextricables sur les séjours de ces hôtes célèbres, simplement interrompue parfois par les visiteurs qui demandaient qu'elle veuille bien parler plus fort, arguant que l'acoustique de cette maison était très mauvaise.

Sans vraiment savoir pourquoi, Annette Kirchmann se mit à observer l'homme entre deux âges qui, au lieu de suivre les explications données par la guide, était resté dans le grand vestibule de la maison et semblait perdu dans la contemplation d'un poêle élégant intégré dans le mur et fermé par une petite porte vitrée qui avait permis autrefois de voir danser les flammes ; au-dessus de ce poêle était accroché un simple carreau de faïence que l'homme touchait d'un doigt prudent. Il était peint et représentait, dans un style expressionniste, Adam et Ève chassés du Paradis. Puis son regard se mit à suivre toujours avec le même recueillement les stucs du plafond qui symbolisaient l'éternelle alliance de l'art et de la vie, l'une des caractéristiques de l'Art nouveau.

En lui tendant la main, il lui dit qu'il s'appelait David Scheikert. Et Annette Kirchmann, stupéfaite de le voir ainsi venir vers elle sans crier gare, répondit simplement : « Oui. »

Puis tout s'était enchaîné de façon très naturelle, avait raconté le lendemain Annette Kirchmann à son amie, qui s'était fait du souci de ne pas la voir rentrer le soir. Certes, Annette lui avait envoyé un SMS où elle disait en quelques mots qu'elle risquait effectivement de rentrer très tard, mais la chose lui paraissait si inhabituelle qu'elle n'avait pu s'empêcher de se faire du mauvais sang.

Annette raconta qu'après la visite qui n'en finissait plus, elle était allée avec l'homme en question dans le seul café de la localité. C'est là qu'il lui avait dit qu'il vivait à Hambourg et faisait des recherches sur l'Art nouveau et que c'était la raison pour laquelle il était venu sur cette île où il voulait voir cette demeure depuis longtemps. Et ce qu'il avait vu avait dépassé toutes ses espérances.

Ils avaient ensuite bu plus que de raison jusque tard dans la nuit, parlant de l'Art nouveau mais de bien d'autres choses encore. Annette avait ainsi appris que David Scheikert avait repris le chemin de l'université par passion pour la culture, après avoir exercé non sans succès ses talents de peintre. Elle connaissait d'ailleurs un de ses tableaux (très remarqué dans les milieux spécialisés) qui représentait un bœuf sur une plage. C'était vraiment une belle surprise de pouvoir faire la connaissance de l'artiste en chair et en os. Il était un peu plus âgé qu'elle. Il lui plaisait. Physiquement aussi. Il avait quelque chose.

Bref, ils avaient fini par avoir tellement bu que la proposition de l'aubergiste de passer la nuit dans l'une des chambres d'hôtes de l'établissement plutôt que de sortir dans la nuit et sous la pluie avait été aussitôt acceptée.

« Ah ! » se contenta de dire l'amie d'Annette. Et celle-ci raconta encore que certaines phrases de cet inconnu l'avaient beaucoup marquée. Il avait dit – chose qu'elle éprouvait elle-même parfois – qu'il s'était toujours senti en marge, qu'il avait toujours senti un gouffre entre lui et les autres, déjà à l'école, où ses petits camarades se plaisaient à raconter des inepties, et aussi plus tard, dans son travail, avec ses collègues. C'était sans doute la raison qui expliquait, avait-il poursuivi, qu'il se sentait parfois pris d'une grande mélancolie et du sentiment d'être perdu, errance que l'on ne pouvait comparer qu'avec la course d'un vaisseau spatial projeté hors de l'atmosphère terrestre et errant sans but dans les espaces interstellaires.

Annette admettait que ces phrases pouvaient paraître un peu niaises quand on les rapportait ainsi. Quoi qu'il en soit, ils avaient décidé de se retrouver le week-end prochain. Déjà à demi endormi, alors qu'elle se passait la main dans les cheveux, il lui avait dit que Hambourg valait la peine d'être visitée. Ils avaient décidé de faire ensemble la visite de Saint-Pierre. Déjà la cloche de cette église représentant les deux apôtres Pierre et Paul valait à elle seule le détour.

P-S. Annette se fit vraiment du souci pour la santé de David quand elle reçut, la veille du jour où ils devaient se retrouver, un SMS disant qu'il était tellement stressé en ce moment qu'il était obligé d'annuler leur rendez-vous mais qu'il ne manquerait pas de lui faire signe la semaine prochaine.

23

Mettre les autres en rage

Nous sommes toujours très énervés quand nous sommes sûrs de la justesse de notre argument mais que celui-ci est contesté. Quand des faits avérés sont complètement retournés, cela nous met en rage. Et c'est presque toujours très défavorable car s'énerver ne donne pas une belle image de soi.

En fait, la journée s'annonçait bien pour Sascha, notre jeune avocat.

Aujourd'hui, il ne commençait qu'à midi et avait saisi l'occasion pour s'octroyer une petite promenade dans son quartier et s'installer peut-être avec son journal dans l'un de ces nouveaux cafés qui fleurissaient maintenant un peu partout. En tout cas, il coinça un journal sous son bras et partit. Une seule chose à éviter : ce café décoré de couleurs pastel. Il était toujours encombré de mères avec leurs poussettes qui barraient le passage jusqu'aux toilettes et surtout il lui rappelait trop son ex-amie Kirsten avec qui il avait passé là des après-midi entiers. Dieu, que Sascha était content d'en avoir terminé avec cette relation et d'avoir presque digéré le coup !

Elle avait pris fin de façon si vaudevillesque que l'auteur hésite à la raconter.

Brièvement : un jour Sascha rentre chez lui, l'humeur sombre, vu qu'il vient de perdre dans une affaire où il a plaidé. Il rentre plus tôt que prévu et espère se faire réconforter par Kirsten. Ils pourraient sortir ce soir, aller au restaurant, ou bien louer un film. Dans l'entrée de l'immeuble il manque se cogner à un jeune homme visiblement très pressé.

Comme il ne tarda pas à l'apprendre un peu plus tard de la bouche même de Kirsten, le jeune homme s'appelait Christian. Les indices étaient on ne peut plus parlants : quand il pénétra dans l'appartement, il trouva Kirsten assise dans la cuisine et habillée d'un simple peignoir (c'était le début de l'après-midi) ; en le voyant, elle se leva d'un bond, le regarda la bouche à demi ouverte, fila dans la chambre en faisant de grands gestes désordonnés et en répétant qu'elle ne se sentait pas très bien, qu'elle n'avait pas arrêté d'avoir des maux de tête et avait passé la plus grande partie de la journée au lit, fiévreuse. Mais Sascha remarqua quand même que, pendant qu'elle se livrait à cette débauche d'explications, elle essayait, de la pointe du pied, de pousser un préservatif sous le lit, jusqu'à en perdre presque l'équilibre. Bref, nous nous arrêterons là.

La seule chose donc qui dérangeait un peu Sascha ce matin-là, c'est que ce quartier lui rappelait trop Kirsten (après la séparation, il avait emménagé dans un appartement à quelques rues de là et c'était peut-être une erreur). Par exemple ce salon de coiffure devant lequel il allait passer bientôt. C'est là que

Kirsten se faisait toujours couper les cheveux. Sascha n'y était encore jamais entré. Mais Kirsten lui avait dit, pleine d'enthousiasme, qu'il y avait parfois un pianiste qui jouait. Sascha trouvait ça un peu exagéré. « Plutôt un truc de femme », s'était-il dit alors.

Sascha regarda par la vitrine. Celle-ci était en verre fumé, mais il put quand même distinguer une femme, sans doute une employée, qui portait un T-shirt sur lequel était écrit : « *I prefer sex to gender* ». Sascha secoua la tête et ne put s'empêcher de rire.

« Un Coca Light, s'il vous plaît. » Sascha pouvait encore s'accorder deux heures ; il fallait quand même bien qu'il éponge toutes ses heures supplémentaires. Il faisait vraiment chaud pour un mois de février. On pouvait même s'asseoir dehors. Il ouvrit sa veste, s'étira, déplia son journal, le feuilleta et s'arrêta sur le portrait de l'acteur Edgar Selge. L'article était passionnant. Il lut la note sur l'auteur. Son nom était compliqué mais il écrivait bien. Il faudrait retenir ce nom.

Il en était à l'avant-dernier paragraphe quand il fut soudain tiré de sa lecture par le bruit de son téléphone. Il vit que c'était son chef qui l'appelait. Il décrocha. Son chef lui demanda s'il ne pouvait pas passer tout de suite au bureau. Il y avait une cliente qui insistait pour le voir. Il n'arrivait pas à la calmer.

Sascha demanda qui c'était.

« Mme Karst », répondit son chef. Elle était de passage en ville pour rendre visite à son fils et en avait profité pour faire un saut au cabinet. Le chef ajouta qu'il était quand même très étonné, il croyait que cette affaire était terminée depuis longtemps.

« En effet, elle est terminée, dit Sascha. – Peu importe, je voudrais que tu viennes tout de suite. » Il ajouta que Mme Karst était assise dans son bureau et qu'elle ne voulait pas partir avant d'avoir parlé avec Sascha. Elle venait de piquer une crise quand on avait essayé de l'éconduire, disant qu'elle allait voir la police, etc.

L'affaire Karst. Terrible. Sascha avait pris sa voiture, la circulation était dense et il pestait contre les embouteillages. Toute cette histoire, il la devait à Kirsten, il y avait bien des années de cela. À l'époque, elle habitait en colocation mais ils étaient déjà ensemble. Son colocataire avait demandé à Kirsten de demander à Sascha s'il ne pouvait pas s'occuper d'une affaire concernant ses parents. À l'époque, il avait bien voulu lui rendre ce service ; il n'avait aucune raison de refuser.

Sascha était alors tout nouveau dans ce cabinet. C'était un cas compliqué. Idéal en fait pour se faire remarquer. Mme Karst, la mère du colocataire de Kirsten, lui avait exposé ses griefs au téléphone avec un fort accent rhénan. Il s'agissait de la retraite anticipée de son mari. Ce dernier n'en voulait pas mais l'entreprise, un grand opérateur de téléphonie, l'avait forcé à accepter cette retraite.

Un cas passionnant, s'était dit Sascha. Des gens modestes opposés à une très grosse entreprise. Cela convenait parfaitement à l'idée qu'il se faisait du droit.

Coup de klaxon. Le feu était passé au vert. Il démarra. Sascha repensa à l'audience qui avait eu lieu récemment, après de longues tractations. Un vrai désastre. Quand M. Karst, qui était en fait à l'origine de toute cette affaire, avait été appelé à la barre, il avait dit, à la stupéfaction de sa femme qui l'avait regardé, comme pétrifiée, qu'il n'avait jamais subi la moindre pression de la part de son employeur pour partir à la retraite avant l'heure mais que c'était lui qui l'avait décidé.

« Alors, pourquoi faire un procès ? » lui avait demandé le juge, perplexe.

Ignorant la question, M. Karst avait dit qu'il voulait qu'on le laisse tranquille. En plus, il avait faim.

« Madame Karst ! dit Sascha. Quelle surprise ! » Son chef était assis sur un coin de la table, le front soucieux. Il murmura seulement : « Enfin ! »

« J'espère que vous ne voulez pas rouvrir ce procès ! déclara Sascha sur un ton à demi enjoué en s'adressant aux deux à la fois.

— Non, pas du tout », répondit Mme Karst, agitée, en lui montrant quelques lettres qu'elle avait apportées et posées sur une petite table ronde. Ça voulait dire quoi, toutes ces factures ? Et elle croisa les bras sur sa poitrine.

« Eh bien, dit Sascha tranquillement, vous avez perdu le procès. Nous étions naturellement un peu inquiets, vu que vous ne nous aviez pas payé les honoraires. C'est la raison de ces relances. Mais on pourrait peut-être s'arranger et mettre sur pied un échelonnement des paiements », poursuivit-il en adressant un regard interrogateur à son chef.

Mme Karst l'interrompit en lançant d'une voix forte : « Mais ça devait être gratuit !

— Qu'est-ce que vous voulez dire ? demanda Sascha en rougissant.

— Ça devait être gratuit ! » répéta simplement Mme Karst.

Après avoir jeté un coup d'œil à sa montre, le chef dit : « Selon Mme Karst, tu lui aurais promis que notre cabinet allait prendre en charge tous les frais du procès, quelle qu'en soit l'issue. » Certes, en consultant le dossier (un épais classeur noir que le chef tenait à la main), on ne trouvait rien de tel. La chose l'aurait d'ailleurs étonné. Et aucun accord de ce genre n'avait été convenu oralement... Cette dernière phrase était comme une interrogation pleine de doutes. Et son chef d'ajouter : « Ou bien je me trompe ? »

Mme Karst sanglotait maintenant et elle répéta : « Ça devait être gratuit ! »

« Un vrai cirque », se disait maintenant Sascha en contenant sa colère, non seulement à cause de la dame mais aussi de son chef, qui manifestement ne lui faisait pas confiance. Pourquoi n'avait-on pas tout de suite appelé la police au lieu de le faire venir ? Évidemment, pour que l'on ne puisse pas dire que, dans ce cabinet, on mettait les petites gens dehors – avec peut-être des articles à la clef dans la presse locale, etc.

« Madame Karst, dit Sascha, je vous ai bien informée de tous les risques avant que nous nous lancions dans un procès qui effectivement... – Tu mens ! » lança Mme Karst.

Elle le tutoyait ! Incroyable ! « Vous me tutoyez ? » demanda Sascha. Et il éleva la voix à son tour pour dire : « Je ne mens pas. » Il tremblait un peu maintenant.

Son chef poussa un soupir.

« Égorgeur ! » lui lança Mme Karst. Le haut de sa robe se tendait. « Menteur ! »

Les choses s'enchaînèrent et empirèrent.

Et le chef fut consterné de se voir obligé d'utiliser toute sa force pour empêcher son collaborateur, à qui il avait récemment proposé le tutoiement, de foncer sur Mme Karst, le poing levé. L'assaut avait été précédé d'un généreux échange d'invectives qui ne laissaient pas augurer d'une issue favorable ; et aujourd'hui encore le chef ne peut s'empêcher d'avoir froid dans le dos en repensant à toutes les insultes qui ont fusé sous les hauts plafonds de son respectable cabinet.

Dès le lendemain, on était repassé au « vous ».

Quant à Mme Karst, elle fut très satisfaite de voir que, même des semaines après cet incident où elle avait menacé d'alerter une chaîne de télévision pour exposer son cas (« On ne va pas se laisser couillonner ! » avait-elle lancé), elle n'avait toujours pas reçu de nouvelle lettre de relance. Elle dit même à son mari, qui, comme toujours, était confortablement installé devant la télévision, que son fils avait bien raison : ça leur ferait vraiment du bien, un petit voyage !

P-S. Comme la morale de cette histoire coule de source, nous renoncerons à l'énoncer en épilogue.

Nous nous contenterons de dire qu'il est bien plus difficile (et habile) de mettre quelqu'un en rage que de réagir de façon appropriée à ce genre de provocation. À moins que l'on n'ait appris – et c'est une condition indispensable – à contrôler ses affects.

24

Échanger des politesses

Il y a des gens qui, quand on leur demande comment ils vont, répondent : « Ce n'est pas ton problème ! » Ou bien : « Mon mari m'a quittée la semaine dernière ; depuis, je bois une bouteille de rouge par jour et mon chef se plaint que mon haleine pue l'alcool. Ça ne va vraiment pas bien. »

Quelle franchise abrupte et grossière ! Non, nous préférons nous en tenir aux convenances anglo-saxonnes et répondre simplement : « Bien ! »

Si nous allons dans une librairie en ayant oublié l'heure, juste quelques minutes avant la fermeture du magasin, nous pouvons être sûrs qu'une vendeuse va venir droit sur nous au moment où nous commençons à arpenter les rayons et nous dire que c'est l'heure de la fermeture. Elle ne le dira pas de façon méchante mais ne prendra pas de gants, et jamais il ne lui viendrait à l'idée de faire preuve d'un peu plus de tact comme il est d'usage dans d'autres pays : « *Sir, is there anything else I can do for you ?* »

La politesse crée une distance entre les gens ; c'est un rempart contre leur blessante franchise, elle ennoblit leur insurmontable étrangeté. Et comme on était surtout amené à côtoyer des étrangers à la Cour et dans les grandes villes – deux sociotopes qui ont eu du mal à se former chez nous en Allemagne –, ce pays passe toujours pour quelque peu arriéré en matière de courtoisie.

Pourquoi être poli ? Pour décrire la société moderne, le philosophe Arthur Schopenhauer a eu recours à l'histoire des porcs-épics. Par une froide journée d'hiver, ces deux pauvres bêtes se pressent l'une contre l'autre pour se réchauffer. À peine se sont-elles rapprochées qu'elles se blessent terriblement avec leurs pics. Mais quand elles s'éloignent, elles risquent de périr de froid. Elles trouvent finalement une sorte de *modus vivendi* en se tenant à une « distance convenable » l'une de l'autre. Dans cette petite histoire, les porcs-épics ne sont bien sûr rien d'autre que nous, les humains, qui ne supportons nos détestables qualités qu'à condition de les tenir à une « distance moyenne ».

Nous échangeons des politesses avec, en général, la plus grande évidence du monde, comme par exemple quand on se dit bonjour le matin. On évite de se mettre les gens à dos, ce qui peut toujours servir, par un comportement relativement courtois. Nous avons dit *relativement*, car les règles subtiles de l'étiquette grande bourgeoise sont depuis longtemps tombées en désuétude, en dépit de la tendance qui prône leur retour aujourd'hui. Quel homme – à moins qu'il ne fasse partie de la haute société hanséatique – se lèverait aujourd'hui dans un restaurant au moment où la dame quitte la table pour aller se repoudrer le nez ? La dame ne manquerait pas de lui demander, perplexe, s'il a l'intention de partir, si la soirée lui déplaît, etc.

Même si de nombreux manuels de savoir-vivre affirment le contraire, il convient d'éviter ces excentricités qui donnent l'impression que toute spontanéité a disparu. Si la dame se lève pour aller se repoudrer le nez, je vous en prie, restez assis !

Il en va différemment de certains comportements, qui étaient totalement proscrits il y a encore quelques années mais qui reviennent en grâce. Doit-on par exemple aider une femme à se défaire de son manteau ? Sur ce point, les avis divergent. Le mieux est de recourir à l'ironie. On peut dire par exemple (ce n'est qu'une proposition) : « Chère madame, puis-je me permettre de vous défaire de votre manteau ? » Ce peut être amusant d'employer le « vous », dans la mesure où l'on se tutoie d'ordinaire. Ce serait même une erreur dans ce cas de dire que l'on est passé au tutoiement à un moment donné, puisque presque tous les couples se tutoient maintenant depuis le départ.

Le retour en force de la politesse a entraîné une certaine complication des relations – surtout entre sexes opposés –, dans la mesure où il s'agit d'être à la fois courtois et sans prétention, paradoxe qui ne peut être réglé que par l'envoi de signaux ironiques. Il nous semble qu'en dépit d'une résurgence de la politesse dans la vie courante, il est plus risqué de se faire remarquer par une attention exagérée que par une charmante désinvolture. Dans la plupart des cas, il suffit de faire état d'une volonté de politesse, ce qui va nous éviter de passer ici au placement des couverts sur la table. Une seule chose est à proscrire, et le narrateur en a malheureusement été plusieurs fois le témoin : il est absolument impensable d'utiliser une serviette comme mouchoir – qu'elle soit en papier ou en tissu, que l'on soit complètement saoul devant un kiosque à saucisses ou pompette dans un restaurant quatre étoiles en train de déguster une perdrix, assaisonnée d'une sauce au vinaigre balsamique relevée d'un confit de prunes.

Pour l'artiste de la dissimulation, la politesse est d'un très grand intérêt dans la mesure où elle peut être utilisée comme un instrument de pouvoir, et pas seulement comme un banal vecteur de communication. Elle engendre alors, dans la mesure où elle est célébrée comme un savoir occulte, la tension souhaitée entre les partenaires. Elle permet d'être très perfidement grossier, dans la mesure où elle humilie celui qui n'en est pas au fait. Mais comme la politesse se dissimule sous des apparences de respect, il est difficile de la critiquer. Elle provoque ainsi des moments de gêne contre lesquels on ne peut rien, lorsque par exemple un prétentieux, lors d'une présentation, se voit obligé de révéler son origine.

La directrice d'un institut de sondage, par exemple, qui montre les locaux à un jeune homme peut très bien dire : « Je vous en prie, passez devant ! » Elle s'attendra à ce que le jeune homme dise : « Mais non, je vous en prie ! » S'il passe gaillardement devant, elle est en droit de froncer le nez, signe qui va décider si l'on va avoir le droit à l'avenir de paraître ou non dans le salon de la dame en question.

Le retour de la politesse, même teintée d'ironie, est aussi le retour de la mélancolie, de la fureur et de l'intrigue chez l'arriviste.

25

Changer d'avis

Beaucoup de gens se targuent d'avoir des principes, d'y rester fidèles et de ne jamais changer d'avis. Une chose est sûre : si un tel rétrécissement des options d'action simplifie grandement un monde aux possibilités infinies, ce genre de rigorisme n'est pas exempt d'inconvénients.

Vous êtes une femme que l'on peut qualifier de vivante et joyeuse. Deux jours après la soirée où vous êtes allée plutôt par hasard (une amie vous avait emmenée), vous êtes prise d'angoisse à la seule pensée des schnaps servis à la fin et qui vous ont valu d'horribles maux de tête. Terrible ! Hier, vous avez passé presque toute la journée au lit. Ma foi, ce sont des choses qui arrivent. Ce matin, vous vous regardez dans le miroir. Ça va mieux. Hier votre visage semblait terriblement bouffi ! Vous n'auriez même pas ouvert la porte aux pompiers.

Les souvenirs reviennent par bribes. Il y avait ce type. Timo… oui, Timo. Il parlait d'un café qu'il avait ouvert. Il n'était pas mal du tout, avec sa barbe de trois jours, il avait de l'allure, son eau de toilette était peut-être un peu forte, mais c'était surtout son amie… Vous ne pouvez vous empêcher de rire en repensant au moment où elle a déboulé dans le bureau et lui a flanqué une gifle. Une vraie furie. Cela vous paraît complètement irréel aujourd'hui. Qu'est-ce qu'il lui a pris ? Tout le monde pense maintenant que c'est à cause de vous qu'il a reçu une claque, que vous aviez une liaison avec ce Timo et que sa pauvre copine aurait pété les plombs. Bah ! Les gens peuvent bien penser ce qu'ils veulent. C'est vrai, vous avez un peu flirté, vous lui avez fait quelques sourires, mais rien de grave, vous êtes restée dans les normes, c'était une soirée… En tout cas, vous n'aimeriez pas être dans la peau de cette… comment elle s'appelait déjà ? Anja !

Timo va sûrement se manifester aujourd'hui, proposer d'aller boire un café ou faire une petite balade, aller visiter une exposition ou voir un film ensemble. Mais non ! Vous connaissez les hommes. Ça ne se termine jamais bien quand ils s'embrouillent dans leurs relations ; on devient vite la cinquième roue du carrosse et l'on doit se contenter des miettes, au lit comme ailleurs. Et vous n'en avez pas du tout envie.

Il serait quand même temps de se trouver un homme. Ne serait-ce que pour ne pas perdre l'habitude. La vie est assez fade comme ça ; il n'est pas utile, avec ce genre d'individu, que ce soit tout de suite du sérieux ; on peut prendre son pied pendant un certain temps. L'autre type était… Vous détestez ce mot mais c'est pourtant lui qui vous vient à l'esprit : mignon. L'autre avec qui vous avez discuté après l'épisode de la baffe. Vous aviez pris vos distances et laissé Timo pour ne pas envenimer les choses. C'est lui qui vous a adressé la parole, ou vous ? À vrai dire vous ne savez même plus tout à fait à quoi il ressemble, il était déjà tard, partout ces conversations à voix basse ; vous vous êtes réfugiés dans un coin tranquille de l'appartement et vous avez beaucoup ri, beaucoup médit. Il avait de l'humour. Ça faisait du bien, après tout ce cirque autour de la gifle. Est-ce que vous l'avez embrassé ? Mon Dieu, si seulement vous pouviez vous le rappeler ! Toujours est-il qu'à un moment donné il est parti. C'était un petit peu vexant, mais ça ne veut rien dire. Vous avez échangé vos numéros de téléphone. Comment il s'appelait déjà ? C'est juste après qu'il y a eu cette tournée de schnaps. Vous auriez vraiment pu vous en passer !

On peut presque régler sa montre sur les hommes, vous dites-vous, car à ce moment précis votre portable indique d'un double bip l'arrivée d'un SMS. Ils ne se manifestent jamais dès le lendemain. Toujours le surlendemain. Timo, évidemment : « Café ? Aujourd'hui ? Demain ? »

Il est préférable de ne pas s'engager dans une relation avec ce type ; il est probable que la dispute avec sa foldingue s'est encore aggravée. Mais le message est très bien, pas de grand tralala, ça vous plaît. Il doit bien y avoir un bout de papier avec le numéro de l'autre dans votre sac. Rouge à lèvres, mouchoirs en papier, tampons, agenda, mais pas de petit bout de papier ! Vous fouillez dans les poches de votre jean : rien qu'un vieux paquet de cigarettes froissé.

Peut-être avez-vous directement enregistré son numéro dans votre portable. Oui, c'est sans doute ça, mais sous quel nom ? Sous un signe quelconque, une étoile ? Oui, vous avez dû faire comme ça, parce que vous étiez pressée. Le voilà. Vous lui envoyez un SMS : « Café ? Aujourd'hui ? Demain ? »

La réponse n'arrive qu'en fin d'après-midi, que vous avez passé devant la télévision à regarder un DVD avec Walter Sindman. Vous avez failli vous endormir durant une scène au lit où l'homme et la femme n'arrêtaient pas de bavarder. Double bip : « Volontiers, mais beaucoup de stress en ce moment, te fais signe la semaine prochaine. Biz ! »

Compliqué tout ça ! Bon, eh bien raté pour cette fois ! Pas de chance.

Exactement. Bien pensé. Cette fois, vous n'allez pas filer dans votre chambre, vous planter devant le grand miroir et vous ausculter d'un regard froid en vous demandant si les deux kilos que vous avez pris dernièrement se voient comme le nez au milieu de la figure, ni inspecter votre visage et porter un jugement radical sur les quelques rides que l'on prend à partir de la trentaine, simplement parce qu'un pékin moyen ne vient pas faire l'assaut de votre appartement avec un bouquet de fleurs.

Vous allez faire tout autre chose qui correspond davantage à une saine appréciation de vous-même. Comme vous savez parfaitement que les principes ont besoin d'une grande marge d'interprétation, vous répondez à Timo : « Aujourd'hui 9 heures au café ***. » C'est assez abrupt, mais comme vous vous êtes souvent dit que les caractéristiques d'une femme fatale vous siéent bien, vous êtes satisfaite de votre SMS. Et même si la réponse n'est pas sans ironie, vous êtes saisie d'un sentiment de triomphe quand vous lisez : « À vos ordres ! »

D'une certaine façon, cette histoire peut servir d'allégorie à toutes les morales et maximes de ce livre. Car naturellement aucune ne revendique une entière adhésion. L'artiste de la dissimulation, s'il est avisé, ne s'en tient pas servilement à ces règles ; cela réduirait trop son champ d'action. Il veille à adapter chaque fois ses maximes aux situations. Car c'est toujours une question de contexte, et le virtuose est celui qui sait justement adapter chaque fois son comportement aux différentes situations en utilisant la froideur du raisonnement.

Vous vous souvenez de ce directeur d'une maison d'édition ? Il avait envisagé trois possibilités différentes de se comporter vis-à-vis de son interlocuteur suivant la tournure que prendraient les choses. Il voulait voir, à la résistance qu'opposerait Kai Lantzer, jusqu'où irait sa détermination à se faire augmenter.

Le peintre dont Annette Kirchmann a fait la connaissance a su séduire cette dernière en usant du mystère car il s'était bien rendu compte qu'il n'aurait pu arriver à ses fins en recourant à l'humour – le caractère peu ordinaire de la situation (deux âmes perdues sur une île !) exigeait d'ailleurs de passer au registre dramatique.

Et Mme Karst ? Elle aurait certainement retenu ses attaques contre Sascha si elle s'était rendu compte qu'elle allait droit dans le mur. Finaude, elle aurait alors essayé la méthode larmoyante et exposé la détresse où elle se trouvait : un mari malade, un fils qui cherchait du travail, etc.

L'artiste de la dissimulation est flexible. Il est capable de se laisser porter par le courant ou au contraire de nager à contre-courant, suivant ce qui lui est le plus profitable. L'absence de principes est son seul principe. Il a toujours en réserve une carte qu'il peut abattre à tout moment.

26

Savoir faire face aux situations embarrassantes

Un très bon professeur, spécialiste de littérature française du XIXe siècle, maintes fois décoré, aimé de ses étudiants, fêté et honoré à chaque grand anniversaire, constatant qu'un collègue médiocre avait été recruté par son université contre son avis pourtant clairement exprimé, céda à l'appel d'une autre université, qui ne lui garantissait pas seulement de bien meilleures conditions de travail mais qui était en outre située dans une grande ville où Karl-Heinz Wettering – tel est le nom de ce professeur – souhaitait depuis longtemps s'installer car, lassé par la routine du quotidien dans une petite ville de province, il s'imaginait pouvoir ainsi participer à la vie culturelle et profiter d'un échange plus enrichissant avec ses collègues.

Il lui fallait aménager son nouveau bureau rénové avec un soin méticuleux et situé dans le respectable ancien bâtiment de l'université : nouvel ordinateur, nouveau fauteuil, nouveaux meubles.

Sa leçon inaugurale fut un triomphe. Car même si Karl-Heinz Wettering était parfaitement conscient de toute la dignité émanant de sa personne (on pouvait parler dans son cas d'un homme dans la force de l'âge), il avait eu l'intelligence de ne pas se montrer trop grave mais de recourir à la fraîcheur et à l'ironie d'un esprit pétillant. Son exposé sur *La Comédie humaine* de Balzac ne regorgeait pas de propositions hypotactiques mais n'en était pas moins très précis dans l'expression, parsemé de plaisanteries et de remarques apparemment spontanées, si bien qu'à la fin les applaudissements – devant lesquels il s'inclina modestement – retentirent longtemps dans le grand amphithéâtre.

Son bureau était maintenant entièrement aménagé et une lumière douce pénétrait par la grande fenêtre. Karl-Heinz Wettering était seul et, après s'être occupé de l'embauche de trois auxiliaires de recherche et d'une secrétaire (ils arriveraient tous la semaine prochaine), il éprouva pour la première fois cette sorte de vide qui se manifeste souvent quand, après une période agitée, les choses s'agencent de façon parfaite et que l'on n'a plus aucune raison de se faire du souci.

Il pouvait maintenant se remettre à son article sur Flaubert. Wettering s'assit à son bureau, sortit ses lunettes du tiroir et il allait relire ce qu'il avait déjà écrit lorsqu'on frappa à sa porte.

« Ah, madame Kirchmann… ! Département histoire de l'art, si je ne me trompe ? Entrez, je vous en prie. »

Quel âge pouvait-elle avoir ? Un peu plus de trente ans, jugea-t-il d'un œil discret. Un jeune professeur, donc. Il avait fait sa connaissance après sa leçon inaugurale. Alors qu'ils étaient tous les deux debout devant le buffet, elle n'avait eu qu'un mot pour commenter sa prestation : « Splendide ! » Cela avait bien entendu beaucoup plu à notre professeur, comme il est facile de se l'imaginer. Il avait aussi appris certaines choses à son sujet de la part d'autre collègues, des grivoiseries sans importance, des remarques concernant son physique qui de toute façon sautait aux yeux : petite et mince, elle avait un visage étonnamment régulier d'une beauté d'ivoire entouré de cheveux d'un noir de jais. Wettering se souvenait que son collègue Meierwitz lui avait dit que cette Annette Kirchmann était affublée d'un rire plutôt désagréable, ou du moins beaucoup plus fort que son apparence gracile ne le laissait supposer.

Annette Kirchmann dit qu'elle passait le voir pour lui soumettre une proposition. Et savoir s'il serait d'accord pour organiser avec elle, pas tout de suite mais un peu plus tard dans le courant du semestre, une séance interdisciplinaire. Elle avait lu récemment son article sur Stendhal et cela lui avait donné des idées. Elle s'était rendu compte que certaines notes renvoyaient à des événements importants en histoire de l'art – et comme elle adorait depuis longtemps le réalisme français, pourquoi ne pas féconder réciproquement pour ainsi dire leurs connaissances ? Le titre du colloque pourrait être par exemple : « Stendhal et la peinture ».

Wettering, qui n'avait pas pour habitude de donner tout de suite une réponse, se contenta de dire : « Très intéressant, en effet ! » Et après un silence qui révéla, sans qu'aucun des deux sache vraiment pourquoi, une gêne sensible, il ajouta : « Mais asseyez-vous donc ! »

On se mit donc à parler de Stendhal, et en particulier de *La Chartreuse de Parme* que Wettering considérait comme la meilleure œuvre de cet écrivain. Pour lui, la plupart de ses collègues, en prétendant que cette œuvre était trop larmoyante, kitsch et totalement invraisemblable, ne voyaient pas qu'ils méconnaissaient Stendhal. Celui-ci ne faisait pas preuve de maladresse mais jouait au contraire en virtuose avec le larmoyant, le kitsch et l'invraisemblable. Tout en complétant certaines démonstrations de Wettering, Annette Kirchmann se déclara entièrement d'accord avec son point de vue, avant de lui demander s'il n'avait pas quelque chose à boire. Elle avait soif.

Wettering, qui avait depuis longtemps surmonté la petite gêne du début, dit, en montrant une armoire basse à côté du bureau, qu'il n'avait que du champagne. Il s'empressa d'ajouter qu'il était dix-huit heures passées et qu'on pouvait considérer la journée comme finie. À sa grande surprise – il s'attendait à une légère résistance de la part de la jeune femme et il avait déjà préparé des arguments pour la convaincre d'accepter –, Annette Kirchmann dit : « Splendide ! »

Trois jours plus tard elle s'engageait à nouveau dans les longs couloirs menant au bureau de Wettering avec qui, comme convenu, elle allait mettre au point les modalités de préparation du colloque. Au moment où elle traversait la bibliothèque des romanistes, dont l'un des murs jouxtait le bureau de Wettering, le bruit de ses talons tira de sa lecture le professeur Meierwitz qui, le corps ramassé, était penché sur une table de lecture. D'un regard presque incrédule, il suivit des yeux les pas dansants de la jeune femme ; il vit parfaitement que Wettering lui ouvrait déjà la porte et l'embrassait sur la joue. « Mais qu'est-ce qu'elle fait tout le temps chez Wettering ? » se dit Meierwitz en feuilletant distraitement un livre grand format rempli de notes écrites en caractères minuscules, avant d'essuyer longuement ses lunettes.

On était peu avant vingt heures. La bibliothèque n'allait pas tarder à fermer. Après avoir longuement réfléchi à la question de savoir pourquoi il pourrait bien aller à cette heure chez son collègue, il se dirigea quand même vers son bureau et frappa. Rien ! Après s'être assuré que personne ne pouvait le voir, il colla son oreille contre la porte. Il crut entendre comme un léger souffle et une sorte de mouvement régulier, et même un petit rire. Lentement, comme mû par une force étrangère, il appuya sur la poignée de la porte et entra.

Il fallut quelques secondes au couple dont les membres étaient emmêlés pour se rendre compte qu'un collègue se trouvait là à les regarder, bouche bée, blême et incrédule.

Quiconque se retrouve dans une situation aussi embarrassante réagit en général de travers, pris de panique : mouvements maladroits, plates excuses pour le désordre occasionné, etc. Pas Karl-Heinz Wettering, doué d'un étonnant sang-froid et d'une haute conscience de lui-même. Il y eut bien une seconde d'effroi où il frémit en voyant l'autre qui les observait – mais il dit aussitôt à Annette Kirchmann, qui avait eu un mouvement de recul, qu'il la priait de l'excuser un instant. Après avoir prestement remonté son pantalon, il se dirigea vers Meierwitz et lui demanda en quoi il pouvait lui être utile, ajoutant qu'il était tellement plongé dans sa conversation avec Mme Kirchmann qu'il ne l'avait même pas entendu frapper. Et il s'avança encore d'un pas. Meierwitz ne demanda pas son reste et fila sans un mot hors du bureau. Wettering ferma la porte.

Chaque fois que l'on se retrouve dans une situation embarrassante, il convient de limiter les dégâts : montrer au témoin de cette situation, par une solide assurance et un grand sens de l'évidence, qu'il est un philistin affublé d'une morale d'esclave et bien lui faire sentir toute la bassesse de son voyeurisme. Notre professeur n'aurait pas pu mieux réagir. On peut aussi sauver la situation par un brin d'auto-ironie : « Ah ! Vous nous avez bien surpris ! » Mais on voit que la première réaction est quand même la meilleure.

Certes, on ne peut toujours éviter un sentiment de honte, et le philosophe Helmuth Plessner part du fait que tout le monde devient à un moment ou à un autre « la caricature de lui-même », dans la mesure où l'intime que l'on voudrait exprimer par des mots se heurte aux limites du corps et à ses possibilités d'expression, circonstance qui, selon lui, est la base de tout comique visuel. Mais inversement, de telles situations offrent la chance inouïe de mettre à l'épreuve le contrôle de soi et des autres.

27

Ne jamais être importun

Que les importuns sont pitoyables ! Ceux qui manquent de patience et de tact à partir du moment où ils ont demandé quelque chose. Ceux qui deviennent fébriles pour un rien, qui s'échauffent, qui veulent absolument conclure, qui exigent une révélation !

Les amoureux sans espoir sont aussi dépourvus de nos jours qu'autrefois. Ils envoient deux, trois SMS à intervalles très rapprochés, au lieu de chercher à assouvir leur peine en grattant les cordes d'une guitare. Le regard rivé sur l'écran qui n'annonce aucune réponse, aucune rémission. Ils appellent, plusieurs fois, mais ne récoltent que la même voix amicale et automatique du répondeur à l'autre bout de la ligne.

Aveugles que vous êtes ! Laissez donc tomber !

Telle était l'image des hommes que se faisait la maquettiste d'un grand magazine de mode, après quelques aventures aussi marquantes que désespérantes. Elle était assise à la terrasse d'un café avec une amie un peu plus jeune qu'elle. C'était l'automne, les feuilles mortes jonchaient le sol, mais grâce aux parasols chauffants qui bordaient le trottoir, nos deux amies avaient seulement un tout petit peu froid aux chevilles. Et comme le soleil perçait de temps en temps à travers la couche nuageuse, elles avaient leurs lunettes de soleil à portée de main, posées sur la table entre leurs tasses de café.

La maquettiste avait d'abord dû consoler son amie qui venait de se faire licencier pour raisons économiques de l'institut de sondage où elle travaillait. Elle y parvint, non seulement parce qu'elle avait adressé à son amie toutes sortes de paroles réconfortantes et lui avait prodigué des marques de compassion par des gestes tendres, mais aussi parce qu'elle l'avait assurée que ce travail n'était en fait pas pour elle et qu'elle pouvait même s'estimer heureuse de ne plus être obligée d'y aller : « Cette foutue boîte ! Tu mérites quand même mieux que ça ! »

La plus jeune trouva très gentil que la maquettiste lui donne un tuyau qui pouvait être très utile. La maquettiste avait en effet une amie qui travaillait au département de création d'un fabricant de T-shirts. C'est là qu'on imaginait les slogans pour les ventes. Et comme elle le lui expliquait, il y avait justement un poste à pourvoir :

« Tu es tellement créative ! Pose donc ta candidature, lui dit-elle.

— Tu as peut-être raison, répondit son amie. Bon, mais maintenant, assez parlé de moi, poursuivit-elle après un bref silence durant lequel elle s'alluma une cigarette. Et toi, comment tu vas ? »

La maquettiste attendait cette question depuis longtemps car elle avait très envie de parler de tout ce qui lui était arrivé d'effroyable. « Ah ! » dit-elle (un « Ah ! » qui semblait contenir toute la fragilité du monde). Après une pause bien tempérée, ce fut le couplet sur son ex-ami que l'autre connaissait déjà, un auteur qui, juste après leur séparation, avait connu un succès inattendu avec un tout petit roman. La maquettiste dit que, bien que l'action se passât à Milan, on y rencontrait une ex du protagoniste qui lui ressemblait de la plus méchante façon. La femme, c'était du moins comme ça que la décrivait le narrateur, était très belle mais d'un caractère instable ; elle se retrouvait être l'instigatrice d'une vulgaire machination décrite de façon grossière, si bien qu'on pouvait se demander pourquoi un large lectorat s'intéressait à ce sous-produit de la littérature. « Sans doute à cause de ça, justement ! » lança la maquettiste avec un regard furibond qui fit frémir le café dans les tasses. Avait-elle en même temps frappé du poing sur la table ? Peu importe.

Le récit suivant, la liaison avec un peintre, son amie le connaissait déjà : un homme un peu fade mais non dénué de charme, et qu'elle avait pêché sans trop de scrupules pour passer une nuit agréable. Et même si son amie plus jeune ne laissait transparaître aucune impatience, elle fut assez soulagée d'apprendre que la maquettiste se tournait maintenant vers des aventures plus fraîches.

Après avoir « liquidé » son peintre, pour reprendre son expression, et suivant l'exemple de quelques-unes de ses amies, la maquettiste s'était inscrite dans une agence matrimoniale *via* Internet. Par pure curiosité, comme elle disait en riant, juste « pour voir comment ça fonctionne ». L'avantage d'une agence de ce type, c'était que l'on pouvait faire une présélection et dire qui l'on désirait rencontrer et qui l'on ne désirait pas rencontrer, à l'inverse de ce qui se passe dans le monde réel. Ce qui était assez désagréable, c'étaient les portraits que certains hommes avaient mis en ligne. Un sur deux voulait se réveiller le matin à côté de l'élue de son cœur, « un sourire aux lèvres ». Certains dégoulinaient de sentimentalisme en évoquant des soirées devant une cheminée ou un soleil couchant, d'autres fanfaronnaient avec des voyages autour du monde. Mais ce qui rebutait le plus la maquettiste, c'était la description que faisaient d'eux-mêmes les sociopédagogues et les psychologues : la rhétorique de l'empathie avec laquelle ils cherchaient à enthousiasmer les femmes (ils prétendaient tous être compréhensifs, tendres, etc.) lui semblait tellement peu virile qu'elle se détournait automatiquement d'eux dans un mélange d'effroi et d'amusement, comme devant un hideux animal aperçu dans un zoo.

Bref, après une première présélection, la maquettiste n'avait opté que pour deux rencontres qui faisaient partie des expériences les plus terribles qu'elle ait jamais vécues.

Le premier homme qu'elle avait rencontré, un certain Sebastian, jeune et le teint hâlé, était programmeur dans une entreprise de téléphonie mobile ; il était si nerveux qu'une fois dans le restaurant, il s'était rué sur le plat et sur sa bière avec une telle goinfrerie qu'il avait ensuite poussé un énorme rot et aussitôt piqué un fard. Terriblement gêné, il lui avait été ensuite impossible de mener une conversation plus ou moins sensée. Il avait fallu ingurgiter le dessert dans un silence de plomb.

Et bien que cette première rencontre n'ait pas incité à en en prévoir une seconde, la maquettiste recevait encore régulièrement des mails et des SMS de plus en plus importuns. Ce Sebastian avait même eu le culot de lui faire livrer des chocolats à la réception, ce qui avait provoqué bon nombre de plaisanteries de la part des collègues du magazine. Surtout qu'ils étaient dans une boîte en forme de cœur !

Avec le deuxième homme, la déception avait été plus grande encore. Il s'appelait Heiko. C'était un journaliste local. Il n'avait même pas pris la peine de la défaire de son manteau ; il ne lui avait pas posé la moindre question sur sa vie, se contentant de parler de son travail si passionnant : il écrivait régulièrement dans les colonnes d'un journal et prévoyait de faire un grand portrait de l'acteur Walter Sindman. Tout en parlant il avait l'habitude de se pencher de manière inquiétante par-dessus la table et de s'approcher si près qu'il envoyait son haleine fétide dans la figure de la maquettiste, ainsi obligée en plus de voir des restes de nourriture – notamment un morceau de poulet – coincés entre ses dents. À la stupéfaction de Heiko, qui se préparait à finir une phrase par un bon mot, elle s'était levée, prétextant de fortes douleurs au ventre, et, refusant énergiquement d'être reconduite chez elle, avait quitté le restaurant, laissant son galant en plan.

Nos deux amies riaient. Elles commandèrent deux autres cafés. Ces rencontres avaient des côtés amusants. Même si, comme le disait la maquettiste, il était vraiment pénible d'être bombardée de messages par ce Heiko ; dans son dernier mail, il lui disait même qu'elle avait une voix érotique, ce qui lui paraissait bien exagéré dans la mesure où elle ne se souvenait pas d'avoir beaucoup ouvert la bouche au cours du repas.

Nous ne pouvons faire autrement que de donner raison à cette femme dans le jugement abrupt qu'elle porte sur les deux hommes brièvement évoqués ici. Pour s'épanouir, l'amour en effet a davantage besoin de l'absence bien tempérée de la personne désirée que d'une manifestation impétueuse du désir. Il faut ici mentionner, à propos de l'absence, que c'est grâce à elle que l'on jouit d'une certaine aura. Plus une personne a la capacité de paraître inabordable dans sa position représentative – et cela est valable autant en amour que dans la vie professionnelle –, plus on lui accorde d'attention et de respect. C'est la rareté de sa présence qui la rehausse. Pouvoir se retrouver en sa compagnie apparaît comme un privilège. Savoir se faire rare, s'esquiver au bon moment est toujours profitable à la réputation du puissant, qui n'apparaît jamais comme le substitut d'un autre et semble toujours insaisissable, inattaquable et hautement indépendant.

Mais l'absence de la personne désirée peut aussi enflammer l'imagination. Notre maquettiste en a fait plusieurs fois l'expérience à son corps défendant.

28

Savoir s'habiller

On entend dire parfois que ce qui importe dans la façon de s'habiller, c'est de se sentir bien dans ses vêtements. Grosse erreur ! Il s'agit de paraître à son avantage, d'accepter les contraintes sociales qui vont de pair avec la mode, et non de les combattre en refusant par exemple de se raser les jambes ou les aisselles.

On dit souvent et à juste titre qu'en Allemagne on ne comprend pas vraiment la mode dans ce qu'elle a de plus subtil ; que l'Allemand n'a pas vraiment le sens de l'espace public et refuse donc la mode vue simplement comme la dictature d'un idéal de beauté ou d'une branche de l'économie. Toute forme d'élégance est de ce fait considérée comme un péché. On est cependant en train de faire des progrès dans ce domaine.

La maladresse latente en matière de vêtements rend justement la mode très intéressante pour l'artiste de la dissimulation. Car, à la différence de la masse qui se promène en sandales et socquettes, il est capable d'attirer habilement l'attention sur lui par sa seule façon de s'habiller.

Il est absolument impossible de donner ici des indications exactes sur la façon de se composer une garde-robe. L'idéal de beauté est aujourd'hui trop diffus. Les vêtements moulants qui mettent en valeur des formes impeccables côtoient les lignes déstructurées. On peut très bien porter des vêtements de sport lors d'une soirée de gala comme on peut porter un costume sur mesure lors d'une petite fête. Pourtant l'œil exercé voit tout de suite si une touche d'ironie – une moustache par exemple – a été mise de façon volontaire ou si celui qui l'arbore a transféré par hasard sa pilosité dans une époque qui recommence à la tolérer. Quoi qu'il en soit, la mode semble avoir épuisé son réservoir de formes et la seule chose qui importe, c'est de ne pas manquer le retour d'un style précis, afin de pouvoir se vêtir comme il se doit.

Choisir soigneusement ses vêtements révèle un désir de se mettre en scène ; il y a là une volonté de séduction ; ce choix dénote ce qui fait justement l'individualité, ce qui fait, pour reprendre les mots du philosophe Helmuth Plessner, ce « caractère intangible donnant envie de [le] toucher », le désir d'éblouir les autres.

Savoir s'habiller est toujours la manifestation d'un pouvoir. Se vêtir comme il convient, c'est connaître les codes d'une société où l'on veut s'intégrer ; il s'agit de créer les conditions permettant de ne pas s'en faire renvoyer. Il est néanmoins très avantageux de savoir briser lesdits codes. Lorsque Stephan Karst a été primé pour son projet de cité pavillonnaire, il était sciemment *underdressed* – vêtu avec négligence.

Alors que le professeur d'architecture, un homme vénérable aux cheveux rares, était venu faire son éloge à la tribune dans un costume sur mesure avec nœud papillon, Stephan Karst avait reçu le prix lui aussi habillé d'un costume, mais avec dessous un simple T-shirt à l'inscription presque insolente. Cela lui donnait quelque chose de désinvolte qui avait particulièrement plu aux dames d'un certain âge présentes dans le public et qui, depuis toujours, aiment s'acoquiner avec la jeunesse.

Inversement, il aurait été tout aussi bienvenu pour lui (chose qu'il n'avait jamais expérimentée) de venir à une soirée ordinaire vêtu comme le vieux professeur d'architecture (nœud papillon en moins, peut-être). Ce n'est en effet que lorsque l'on transgresse hardiment les codes vestimentaires que l'on peut paraître à son avantage. Condition pour que soient reconnues l'originalité et l'autonomie qui nous parviennent d'une aura érotique.

Nous aurons plus tard l'occasion de parler d'un garçon de café tombé éperdument amoureux d'une femme aux cheveux noirs et courts qui l'avait ébloui par sa bouleversante beauté. Il est très possible que son corsage blanc évoquant une tunique, avec un zeste d'extravagance et un grand col (les manches étaient brodées de petites perles rouges), ait considérablement renforcé l'impression qu'elle dégageait, car elle se distinguait ainsi nettement des autres femmes présentes dans le café, qui (peut-être à cause de leur statut de mères) étaient plutôt habillées de façon sportive (avec jean et T-shirt), c'est-à-dire de façon commune, sans la moindre élégance.

Cependant, il ne faut pas non plus exagérer en voulant à toute force sortir du lot. Il n'est pas souhaitable de passer la frontière au-delà de laquelle on apparaît comme une curiosité, une personne ridicule que l'on regarde avec une certaine pitié (chapeau à plumes, robe rococo et tout ce qui fait trop bon marché).

Mais il faut aussi bannir toute volonté d'élever le confort, le bien-être et le naturel au rang de critère vestimentaire. Il est impossible d'en imposer sans une certaine forme de dressage. Le corps que nous habitons est en effet notre éternel ennemi. Le contrôler en recourant à des vêtements contribue à augmenter notre visibilité sociale, parfois même jusqu'à une grande renommée.

29

Se mentir à soi-même

Tout artiste de la dissimulation connaît la contradiction dans laquelle il se trouve forcément plongé. D'un côté il maîtrise parfaitement ses émotions, sachant porter sur lui-même et les autres un regard froid ; d'un autre côté il a besoin d'une certaine surestimation de soi s'il veut avoir du succès et doit donc s'aveugler lui-même. Car porter un regard froid sur soi-même consiste parfois à tourner autour de sa propre nature, ce qui ne fait guère avancer les choses. Tout le monde a rencontré de ces gens qui n'arrêtent pas de se flageller : leur ventre est trop gros, leur nez trop large, leurs cheveux pas assez drus, leurs pieds trop grands, etc. Ces personnes aiment téléphoner à leurs amis pour les entretenir pendant des heures de leurs défauts, ce qui finit par être lassant. Au cours d'une première rencontre, ces « experts ès flagellations » ont du mal à se concentrer sur la conversation tant ils sont occupés à rentrer leur ventre, cacher leurs pieds sous la table ou ne pas montrer leurs ongles. Ils doivent faire un effort considérable – cela se voit et laisse une impression désagréable.

Toutes ces personnes trop occupées d'elles-mêmes sont une plaie pour ceux qui les abordent lors de réceptions, de baptêmes ou de mariages. Il est très discourtois de réagir par un quasi-mutisme à une ébauche de conversation avec quelqu'un que l'on ne connaît pas encore, comme l'a fait par exemple Angelika lorsqu'elle a été abordée par un jeune auteur lors d'une fête organisée par l'une de ses amies : elle l'a plus ou moins envoyé sur les roses, simplement parce qu'elle était préoccupée.

En fait, Angelika était très contente de pouvoir aller à une soirée sans être accompagnée par son ami Frank ; comme ils s'étaient violemment disputés peu auparavant, elle lui avait proposé de rester à la maison. Les choses n'allaient plus très bien entre eux. Ils étaient las de leur propre perfection ; leur appartement était situé dans un quartier plein de vie, Angelika l'avait décoré avec beaucoup de goût et ils ne connaissaient plus d'ennuis financiers. Frank avait un poste stable dans un cabinet d'architectes ; quant à Angelika, elle travaillait comme photographe indépendante.

Angelika gagnait de l'argent en faisant surtout des photos de commande pour de grandes entreprises : des images pleines d'atmosphère montrant des managers dans leur bureau, des cantines spacieuses et des immeubles tout en verre. Bref, ce n'était pas exactement ce dont elle avait rêvé. Elle avait espéré un avenir plus brillant, être une artiste qui expose dans des musées et des galeries cotées.

Elle avait bien organisé une exposition l'an dernier avec deux autres photographes de ses amis, à ses frais (plus exactement avec l'argent généreusement donné par ses parents), et si elle considérait que ce n'était pas un fiasco (on lui avait fait beaucoup de compliments), elle n'avait toutefois vendu que deux photographies, même si c'étaient des grands formats. Il faut toutefois mentionner que ces deux photos avaient été achetées par sa grand-mère, ce qui ne manquait pas de sel étant donné que la malheureuse souffrait depuis longtemps de la cataracte et avait du mal à voir. Quoi qu'il en soit, les deux photos en noir et blanc décoraient désormais le salon de la vieille dame ; elles représentaient des arbres pétrifiées aux formes bizarres qu'Angelika avaient abondamment photographiés lors d'un séjour d'études en Californie.

La nature était son domaine de prédilection. Des images de lacs, où venaient se refléter de façon plus ou moins déformée des forêts et des montagnes, étaient accrochées aux murs de son appartement, et les gens qui venaient la voir les regardaient toujours avec beaucoup d'intérêt. Elle avait donc été très blessée lorsque Frank, en début de soirée, avait dit que ces photos le lassaient, qu'il en avait la nausée et qu'il ne voulait plus voir ces foutus arbres et ces foutus lacs.

Certaines phrases ont besoin d'un peu de temps pour faire sentir tout leur effet. Angelika avait certes parlé avec quelques amis rencontrés durant la soirée, elle avait échangé des banalités et simulé la bonne humeur, mais ses pensées revenaient toujours à ses photos. Frank avait peut-être raison. Est-ce qu'elle ne s'était pas bercée d'illusions pendant des années avec sa photographie ? Était-elle condamnée à illustrer des brochures d'entreprises ? Si seulement elle pouvait obtenir encore un contrat pour des photos de mode ! Une fois, une seule fois, il y avait quelques mois, un magazine de mode avait pris contact avec elle. Mode masculine. Elle avait mis des types androgynes dans des pantalons à la mode avant de les photographier torse nu se prélassant dans des fauteuils baroques et jetant des regards lascifs vers l'objectif, comme le leur demandait Angelika, les mains négligemment posées à hauteur de leur sexe. Tout cela devait être à la fois drôle et subversif. Sauf que les photos ne plurent pas du tout à la maquettiste. Trop vulgaires, inutilisables, on n'est pas là pour faire du porno homo, etc. Elle avait quand même reçu de maigres honoraires de dédommagement.

Au cours de cette soirée, Angelika repensait à toutes les petites défaites de sa vie, à son exposition organisée à ses frais et qui finalement avait été plus gênante et humiliante qu'autre chose, il fallait bien l'admettre. C'est sans doute par pitié que ses parents avaient réussi à convaincre sa grand-mère de lui acheter deux photos. Elle était dans le bureau de l'amie qui organisait la soirée, en train de penser à Frank, qui s'était sans doute toujours moqué de son travail sans jamais rien en dire, lorsque le jeune auteur vint lui adresser la parole avec un « Alors, comment ça va ? » aussi spontané qu'aimable. Il était vingt-trois heures. Le jeune homme avait un sourire aux lèvres. Rien que de très agréable.

Il se sentait, non sans raison, au sommet de sa gloire. Son petit roman, dont le sujet était une tumultueuse histoire d'amour qui se passait à Milan, s'était vendu de façon merveilleuse, après des années d'échecs et de disette, et il était très flatté de voir que les gens qui l'avaient jusque-là toujours considéré avec scepticisme venaient lui taper sur l'épaule ou lui tournaient constamment autour pour se retrouver dans son cercle. Il veillait simplement à éviter une amie de son ex-compagne pour ne pas être entraîné dans une conversation inextricable. Elle était la plupart du temps dans la cuisine, ce qui l'obligeait à demander à ses amis qu'on veuille bien lui apporter à boire – ce qui du reste s'accordait très bien avec l'image que l'on se fait de l'artiste qui n'est pas obligé de s'occuper des aspects matériels de ce monde.

Le second souci qui l'effleurait de temps en temps était sa nouvelle petite amie. Il avait fait sa connaissance au cours d'une de ses lectures qui faisaient toujours salle comble, et il se disait qu'il avait peut-être fait une erreur. Une fois passé les premières extases amoureuses dans la chaleur des corps, ils se retrouvaient maintenant souvent assis côte à côte dans des cafés de hasard sans avoir rien à se dire – sans compter que notre homme était exaspéré de voir qu'elle le regardait toujours avec admiration, ne cessait de le caresser, de le dorloter comme s'il était la chose la plus fragile au monde. En outre, il n'aimait pas du tout – même s'il n'osait pas le lui dire franchement – qu'elle l'appelle sans arrêt : « mon lion ». Une bonne chose qu'elle soit partie chez ses parents ce week-end.

Pourquoi raconter cette histoire en soi assez insignifiante ? Elle ne parle en effet que d'un tout petit incident survenu au cours d'une soirée comme il a dû s'en passer beaucoup d'autres : Angelika, en proie à des soucis existentiels, ne leva même pas les yeux quand le romancier lui adressa la parole et se contenta de dire : « Quoi… ? Ah ! Sais pas ! » Et elle se concentra sur son verre. Peu habitué à ce moment-là à être ignoré, notre auteur prit aussitôt le large et l'évita pour tout le reste de la soirée.

Ce petit épisode chagrine beaucoup le narrateur, lui qui est omniscient, car il se trouve que ce romancier et cette photographe étaient vraiment faits l'un pour l'autre – mais plus jamais ils ne se rencontrèrent. Pourtant ils se seraient complétés à merveille pour des raisons de caractère qu'il serait trop long d'expliquer ici, vu qu'ils ne sont pas en relation directe avec notre affaire. Une chose seulement : à la fin de leur vie, ils auraient formé un vieux couple de grands-parents comme on en voit sur les publicités. On les aurait vus assis sous un arbre, un sourire éclatant aux lèvres, entourés de petits-enfants débordants de santé en train de croquer des pommes à belles dents, fiers d'une vie épargnée par les coups du destin mais riche en événements de toutes sortes. Même arrivés à cet âge vénérable, ils auraient eu encore assez de tendresse pour se caresser la joue. Au lieu de ça, le narrateur peut vous dire qu'aussi bien Angelika que le romancier ont persisté encore longtemps dans leur relation du moment, ce qui les a aigris et en a fait des individus presque désagréables. Quelle détestable vision !

Peu de choses sont plus néfastes que l'entêtement dans l'incertitude. Il vient souvent d'un trop-plein de pensées. Or il ne faut jamais exagérer dans ce domaine. Ce raidissement issu de la détresse ne doit pas être confondu avec une maladresse employée à dessein, qui peut avoir un bel effet, et même s'avérer porteuse d'une charge érotique. Mais dans ce cas on ne garde jamais les yeux fixés par terre sans rien dire ; au contraire, on parle, et même un peu trop.

Il ne faut pas pousser l'observation de soi jusqu'au délitement, voilà ce qui est important. Si paradoxal que cela puisse paraître, il convient de ne jamais mettre la vérité nue en pleine lumière. Surtout en amour, il est bon de se ressaisir pour ne pas manquer une occasion. Et il est toujours plus avisé de se surestimer un tout petit peu que de se sous-estimer. Comme le faisait notre romancier durant ses lectures publiques. Il arrivait toujours sûr de lui, comme s'il n'avait jamais connu la période où, ses livres ne se vendant pas, il buvait plus que de raison du mauvais vin rouge.

L'artiste de la dissimulation parvient à cette performance risquée qui équivaut à un mensonge sur soi-même : il sait dissimuler ses faiblesses. Cette façon de faire est à la fois un gage de succès et son talon d'Achille. Et c'est dans la tension entre ces deux pôles qu'il excelle à s'organiser.

30

Être mince

Un homme encore jeune répondant au nom d'Olaf Herse rencontre un jour au supermarché – son chariot contient des cornflakes, deux tablettes de chocolat, une bouteille de vin et différentes sortes de fromages – un ami qu'il n'a pas vu depuis un an environ. Celui-ci le toise sans rien dire d'un œil moqueur et esquisse un sourire. Il est facile de deviner ce qui le surprend et l'amuse : depuis la dernière fois où ils se sont vus, Olaf Herse a pris environ dix kilos.

La raison est difficile à déterminer : peut-être l'âge (il a la trentaine passée), peut-être les vicissitudes d'une carrière un peu difficile (d'innombrables candidatures, des entretiens, des changements de patron), autant de choses qui ont demandé une compensation.

La conversation est laborieuse. Olaf Herse ne s'attarde pas, se dépêche de rentrer chez lui, va se planter devant le grand miroir de sa chambre, creuse les joues, se regarde de profil. Quand il rentre le ventre, ce n'est pas si catastrophique. Son médecin a parlé d'une légère surcharge pondérale (en appuyant sur *légère*, lui a-t-il semblé). Pour qu'il n'y ait pas de malentendu, disons que personne dans la rue ne montre Olaf du doigt et qu'il n'y a vraiment rien de dramatique. Dans nos sociétés, une personne sur deux est un peu rondouillette.

Mais qui a envie de ressembler à Monsieur Tout-le-monde ?

Olaf se dit que ç'a toujours été son grand privilège d'homme de ne jamais penser à monter sur la balance. Quand il vivait seul, il n'en avait même pas. Les femmes sont préoccupées par leur corps. Elles suivent des régimes, s'épuisent à faire de la gymnastique, et quand il était au lycée il en a vu plus d'une devenir anorexique. En tout cas, elles aimaient bien s'observer, parlaient sans arrêt de leur prise ou de leur perte de poids. Elles commentaient leurs observations. Les hommes ne faisaient pas ça. Du moins autrefois. Les choses ont malheureusement changé depuis.

Les réflexions et questionnements des femmes ont toujours été sources de complications entre les sexes. « Dis-moi ! Est-ce que j'ai grossi ? » demandaient toujours les amies d'Olaf dès qu'elles avaient un peu confiance en lui. Olaf, dans la plupart des cas, n'avait absolument rien remarqué et se contentait de dire : « Tu parles ! » Et si par hasard il avait remarqué quelque chose, il disait aussi : « Tu parles ! »

Les deux grands-pères d'Olaf, tant du côté maternel que paternel, étaient ce que l'on pouvait appeler des hommes assez forts. Ils mangeaient sans se priver ce qu'on mangeait communément alors : des escalopes panées, des rôtis, des saucisses et des pommes de terre. Ils avaient tous les deux du ventre et c'était pour eux la chose la plus naturelle du monde. Olaf ne pouvait les imaginer demandant un jour à leur femme d'un air inquiet : « Dis-moi ! Est-ce que j'ai grossi ? » Ils étaient aimés, cela ne faisait aucun doute. Désirés même. Peut-être bien à cause de ça.

Toujours debout devant son miroir, Olaf Herse pensa à une interview qu'il avait lue récemment dans un journal. Un médecin disait que les hommes ont davantage tendance à grossir que les femmes. Ce n'était pas bon pour la carrière car on ne devenait pas cadre dirigeant avec du ventre ; il fallait donc absolument faire du jogging et manger du pain complet.

Quel homme, à partir d'un certain âge, ne connaît pas les désarrois d'Olaf Herse ? Aujourd'hui, les mâles font attention à leur ligne. Il est sans doute exact, jusqu'à un certain point, que le corps masculin se doit d'être svelte et musclé pour plaire aux femmes, qu'il est sexualisé au-delà de toute raison. Mais il y a une exception. Celui qui détient le pouvoir n'a pas besoin de rentrer son ventre, il peut même carrément l'exposer au regard des femmes.

Qui a l'intention d'acquérir du pouvoir ou des responsabilités, comme c'est le cas d'Olaf Herse, devrait veiller à perdre du poids sans le claironner sur les toits. Il n'y a rien en effet qui déplaise tant aux femmes que ces hommes qui n'arrêtent pas de parler de leur apparence. Certes, les femmes désirent aussi les hommes et aiment en faire des objets sexuels (surtout les hommes sveltes et bien faits), mais seulement quand elles sont désirées, lorsque le regard masculin a flatté leur corps et exacerbé l'estime qu'elles ont d'elles-mêmes. Mais l'homme qui n'arrête pas de se poser des questions sur lui-même brouille les cartes. Il détruit le jeu de l'amour dans la mesure où il se prend lui-même pour objet.

Quand un homme est-il un homme ? Quand il ne parle pas de ses kilos !

Comment un homme a-t-il du succès ? En restant svelte. Car seul un individu à la silhouette élancée est en règle générale capable de marier art de la dissimulation et aura érotique (lors de conférences ou de réunions publiques). Rares sont les hommes avantagés par un léger embonpoint. Mais à quoi doit ressembler un homme, une fois atteint le stade du succès ? Peu importe !

Rongé par le doute, Olaf Herse se mit à faire du jogging tous les matins avant de partir au travail. Mais il n'en parlait à personne, ce qui était tout à son honneur. En effet, tout ce qui est pénible doit être fait en secret ; ce n'est qu'à partir de là que l'on peut suggérer cette forme de grâce qui sied à tout artiste de la dissimulation.

31

Jouer sur la bande

L'agent immobilier Heinrich Walter avait pris la voiture de service pour aller à Dettersheim. Ce n'était vraiment pas la bonne heure. Les automobiles avançaient au pas et la file se rapprochait à une vitesse d'escargot du feu qui ne cessait de passer au rouge. Perdu dans ses pensées, M. Walter regardait sans les voir des enfants qui chahutaient à un arrêt d'autobus. L'un d'eux, un peu rondouillard, pleurait. Une vieille dame portant à chaque main un sac en plastique rempli de courses monologuait en fixant le ciel chargé de gros nuages sombres.

La nuit commençait à tomber et Heinrich Walter alluma ses phares. Il redoutait ce rendez-vous. Il se terminerait sans doute comme les autres. Tous les deux ou trois jours, il venait ici pour montrer à un jeune couple un appartement dans le complexe immobilier qui venait d'être entièrement rénové. L'appartement plaisait toujours plus ou moins, mais la localité, Dettersheim, ne remportait aucun suffrage. Tout le monde la trouvait trop éloignée de tout. Et c'était la vérité. On ne pouvait rien y faire. Si seulement la campagne alentour avait eu un peu de charme ! Mais rien. Un mot suffisait à la caractériser : plate ! Plate comme la main. Pas de lac, pas de collines, pas de mer, pas de montagnes. Rien ! Rien que du plat ! Le centre du bourg avait été bombardé pendant la guerre, sans doute par erreur, si bien que les seules maisons un peu pittoresques étaient celles dont il était question, justement, et qui formaient un ensemble architectural assez intéressant en bordure des champs (elles avaient été construites au début des années 30 par un architecte qui avait été le collègue de Hans Scharoun), sauf que, pour la plupart des gens qui venaient ici, la principale attraction du lieu n'était pas la particularité architecturale de cet ensemble immobilier mais les vaches en train de brouter dans les champs à côté. Les paysans du coin regardaient en hochant la tête et d'un air méfiant, hébétés par la monotonie du paysage, ces petits immeubles repeints en blanc avec de grands panneaux publicitaires annonçant la vente des appartements. « Mais qui c'est donc qui va venir habiter ici ? »

Oui, qui ? C'est bien ce que se demandait aussi M. Walter. Sur une carte, le trajet jusqu'à Dettersheim était aussi simple que la nationale qui y menait. On y était en un rien de temps. Sauf que dans la réalité ça allait beaucoup moins vite. Aux périodes de pointe, il fallait déjà presque une heure pour sortir de la ville, et même plus certains jours. Si seulement il y avait eu une ligne de train régional – chose à laquelle certains avaient pensé –,

M. Walter aurait sans doute déjà vendu tous ses appartements !

Il faut savoir que l'humeur morose dans laquelle se trouvait M. Walter était due à des événements malheureux qui s'étaient produits dans l'agence immobilière et il répugnait à se les remémorer. C'était Hans Strass, son nouveau collègue dont il n'appréciait pas du tout l'arrivisme, qui, au départ, devait s'occuper de la vente de ces appartements à Dettersheim et était chargé de trouver des acheteurs. À peine avait-il obtenu cette mission que déjà il venait se pavaner dans le bureau de M. Walter. Quel honneur de se voir confier ce petit joyau architectural ! Il était vraiment très heureux ! Que le chef ait justement pensé à lui, alors qu'il venait à peine d'arriver, c'était vraiment un privilège !

M. Walter – qui pourrait le lui reprocher ? – se sentait floué. Ce n'était pas la première fois qu'une mission de ce genre était confiée à M. Strass, sans qu'on lui en ait parlé auparavant. Irrité par l'injustice de ce monde, il poussa un jour la porte du bureau de son supérieur qui avait gardé le riche mobilier en bois sombre de son père. Le chef était assis devant son ordinateur au moment où M. Walter fit irruption pour lui dire tout ce qu'il avait sur le cœur. Cela faisait presque quarante ans qu'il travaillait dans cette agence, on pouvait avoir confiance en lui, il était fidèle comme pas deux et il n'arrêtait pas de subir des vexations.

Le chef leva les yeux de son écran et dit d'un air aimable : « Oui ? » Et après un bref silence, à demi tourné encore vers son ordinateur, il lui demanda en quoi il pouvait lui être utile.

M. Walter (c'était la première fois qu'il osait venir faire une réclamation depuis qu'il était dans l'agence) déclara qu'il voulait prendre en charge le projet Dettersheim. Il n'était pas juste que tous les projets intéressants soient d'emblée confiés à M. Strass. Tout en parlant, il tapait du pied, ce qui aurait paru comique à n'importe quelle personne étrangère à l'agence.

« Ah ? » dit son chef en se renversant sur son siège d'un air satisfait (telle était du moins l'impression de M. Walter). Il lui fallait quand même savoir que cette mission impliquait de nombreux déplacements. C'était pour ça qu'il avait pensé à son jeune collègue, mais si M. Walter était vraiment tout feu tout flammes pour ce projet, il ne voulait bien sûr pas briser son enthousiasme. Il ne pouvait néanmoins rien promettre avant d'en avoir parlé à M. Strass… Ce dernier, au grand étonnement de M. Walter, ne fit pas beaucoup de manières pour lui céder sa place et accepter de lui confier le projet.

M. Walter n'était toujours pas sorti de la ville, mais les habitations commençaient à s'espacer et à laisser place à quelques terrains vagues. Heinrich Walter traversa des localités presque désertes dont il ignorait le nom jusque-là. Aboiement d'un chien quelque part. Peu à peu la circulation devenait plus fluide. Il passa devant une station-service dont les néons avaient quelque chose d'irréel au milieu de ce paysage de hangars et d'entrepôts à l'abandon. Y avait-il vraiment eu un jour des ouvriers ici, les mains sales et calleuses, occupés à charger ou décharger des marchandises ? Certains bâtiments étaient encore éclairés comme pour mettre en évidence leur décrépitude. Les carreaux de presque toutes les fenêtres étaient cassés et les graffitis sur les murs de brique sales ressemblaient à des blessures.

Enfin, la bifurcation pour Dettersheim. Ce n'était plus très loin. Heinrich Walter enclencha la quatrième.

Il se sentait fatigué. Manque de sommeil. Et toutes ces pensées qui l'assaillaient depuis des semaines. *Assaillir* était vraiment le terme qui convenait, comme si des armées de souris ou d'insectes avaient envahi sa maison. Ces bestioles s'étaient logées partout et ne voulaient plus partir. On voulait que ce soit lui qui parte. C'était devenu une idée fixe. Il repensait aux regards de son chef depuis qu'il avait pris en charge le projet Dettersheim : entre animosité et hostilité. Il fallait qu'il trouve une idée pour faire avancer les choses !

M. Walter avait connu les tout débuts de l'agence immobilière. Il était encore un jeune homme. C'était en quelque sorte un épisode de la grande époque où le pays se reconstruisait. À ce moment-là, certaines façades étaient encore éventrées par des trous d'obus, il pleuvait dans les églises qui n'avaient plus de toits et beaucoup d'appartements étaient encore chauffés avec des poêles, comme à l'Est. Mais on avait commencé à rebâtir et à rénover pour effacer toutes les traces du passé.

Que pouvait bien penser de lui sa femme morte si jeune – emportée d'un coup par la maladie ? M. Walter se souvenait qu'au moment ultime il avait joint sa main à la sienne. Il était resté ainsi jusqu'à ce que celle de son épouse soit froide ; et il avait fallu que les autres personnes présentes lui disent timidement de se lever et de s'éloigner un peu afin que le médecin puisse constater ce qui était désormais une évidence pour tout le monde.

Heinrich Walter avait horreur de conduire. Il était toujours assailli par le souvenir. Il allait finir par devenir dingue. Il pensait à Anja, sa fille. Elle non plus n'avait pas la vie facile. D'abord se faire virer de son institut de sondage, ensuite se séparer de son ami.

Elle l'avait appelé il y a deux jours. Brève conversation, comme souvent. Anja appelait de son portable et la liaison était mauvaise, pleine de parasites, avec des coupures. Depuis que les portables existaient, M. Walter avait l'impression d'être retourné à l'âge des balbutiements du téléphone où jamais rien ne marchait.

Anja lui avait dit qu'elle avait déménagé et qu'elle avait eu un entretien d'embauche dans une entreprise fabriquant des T-shirts. Mais ça ne s'était pas très bien passé.

M. Walter aurait bien voulu lui adresser quelques mots de réconfort mais il ne trouva rien d'autre à dire que : « Tu as besoin d'argent ? »

Il l'avait entendue renifler. Puis elle avait raccroché. Ou peut-être bien qu'ils avaient été coupés.

À droite et à gauche de la route, des bornes réfléchissantes. Beaucoup de brouillard. Il n'allait pas tarder à devoir tourner à gauche.

Tout à coup, il fut aveuglé par une forte lumière. Quand il entendit le hurlement du klaxon, M. Walter n'eut que le temps de se dire : « Mais qu'est-ce qu'il fout, ce camion, dans ce coin perdu ? »

Nous faisons ici une interruption. De toute façon, nous avons dévié de la maxime propre à notre histoire. Nous avons en effet failli oublier l'excellente stratégie qu'a utilisée M. Strass. Son attitude vis-à-vis de M. Walter peut être qualifiée d'exemplaire. Comme au billard, M. Strass a utilisé la bande pour jouer, il a très judicieusement eu recours à un tiers pour venir à bout de son adversaire. Il a bien vu qu'il suffisait de titiller comme il fallait M. Walter pour que ce dernier se précipite dans le bureau du chef et réclame ce qu'il croyait être son dû. On peut maintenant se demander si le chef était au courant de toute cette manigance, somme toute très humiliante pour M. Walter. Oui, il était au courant. Il avait l'intention de pousser M. Walter vers la sortie et de l'inciter à partir pour une retraite anticipée. Étant donné que le lecteur prend sans doute fait et cause pour M. Walter, il faut quand même noter ici que M. Strass n'est pas du tout un mauvais bougre, du moins selon les critères du monde moderne. Après son travail, il fait du bénévolat dans une association pour les enfants de son quartier, ce qui n'est pas sans rapport avec la vie qu'il a connue, vu qu'il vient lui-même de l'Assistance publique.

P-S. Quelques jours plus tard, on pouvait lire dans la rubrique nécrologique du journal local : « L'agence immobilière *** a le regret de vous annoncer le décès de son fidèle collaborateur, Heinrich Walter, mort dans un accident de la route à l'âge de soixante-deux ans. Nous perdons avec M. Walter non seulement un collaborateur dévoué et compétent mais aussi un ami très apprécié de tous ses collègues. »

32

Prendre un regard énamouré

Nous nous mettons constamment en scène, nous devons nous mettre en scène pour exprimer des souhaits, des idées, des désirs, nous nous dissimulons constamment ! Pour ménager les autres, afin qu'ils ne soient pas en mesure de nous nuire à l'avenir, ou pour nous placer en position avantageuse face à d'éventuels concurrents. À cet effet nous avons besoin du corps et de la parole. Outils fragiles qui révèlent la faille que nous connaissons depuis notre naissance, divisés entre l'être et le paraître, entre l'intellect et le corps. Nous voulons être authentiques mais nous ne faisons qu'en donner l'impression – dans le meilleur des cas. Nous ne sommes jamais vraiment nous-mêmes. Depuis le péché originel, la Création n'est qu'un vaste théâtre. Il y a bien sûr le regard de l'amour, regard trompeur s'il en est, dans la mesure où nous croyons voir un regard vrai, le contact d'une main ne réclamant que nous, cadeau qui ne demande rien en échange. Pourtant, même le regard le plus amoureux est marqué par une dissimulation que jamais nous ne démasquons. C'est ce qui rend l'amour si beau, le fait que toujours il échappe ; c'est aussi ce qui le rend si triste. Pouvoir penser l'harmonie entre le corps et l'esprit fait de nous des animaux emplis d'une espérance vaine, des êtres à jamais imparfaits.

Même le choc le plus terrible que nous éprouvons et qui, ne serait-ce qu'une seconde, met à mal notre mise en scène, est aussitôt recouvert, caché par une reprise du contrôle de soi ; même la mort la plus horrible est culturellement voilée par des formes et des rites funéraires qui ravivent bien vite notre vanité.

On se souvient encore du temps où il était relativement facile d'organiser sa vie. Suivant une loi presque naturelle, le fils du charcutier devenait charcutier, la fille de professeur devenait professeur. À trente ans, on avait son deuxième enfant. À quarante, on avait fini de payer les traites de la maison. Les possibilités de changer de vie étaient limitées, l'art de la dissimulation connaissait une longue hibernation. Et si le quotidien était un peu ennuyeux, n'était-ce pas, après tout, le prix de la paix ?

Un monde nouveau marqué par des échanges actifs et multiples, la fin des carrières définies une fois pour toutes, la mobilité à outrance, les fermetures d'usines et leur réouverture à un autre endroit de la planète, la prolifération de petits métiers et de professions indépendantes, la convergence entre vie privée et vie professionnelle, la peur de perdre son emploi, les trajets qui n'en finissent pas pour aller au travail, l'errance imposée, tout cela a redonné vie à l'ancien art de la dissimulation.

Ce sont les nouvelles conditions de la concurrence, plus affûtées qu'auparavant, qui font à nouveau briller la cuirasse du courtisan capable de maîtriser ses affects. L'origine n'étant plus un gage de succès, il faut savoir réagir vite, être mobile et capable de s'adapter, savoir se contrôler, quels que soient les obstacles, et défier le hasard qui ne cesse de parsemer notre chemin d'embûches. Ce qui relie l'homme d'aujourd'hui au courtisan d'autrefois, c'est qu'il a développé au plus haut point la conscience du rôle à jouer. N'importe quelle émission de télévision, fût-ce un débat politique ou un concours de beauté, fait la part belle à la présentation de soi, la mascarade et la stratégie. Il en est de même dans les bureaux. La hiérarchie horizontale exige maintenant le recours à la ruse et à la stratégie pour se faire une place dans le flux incessant et invisible des rapports de pouvoir.

Nous avons donc raconté des histoires de personnes qui ont tenté de s'imposer habilement, que ce soit dans leur vie professionnelle ou amoureuse : l'architecte, le directeur de la maison d'édition flanqué de sa fidèle secrétaire (l'adorable Mme Sentmüller). Mais aussi la directrice de l'institut de sondage, le peintre et parfait séducteur, l'agent immobilier et le vigneron. Et bien d'autres encore qui cherchaient aussi à s'affirmer avec plus ou moins de bonheur dans un monde hostile, comme la maquettiste et son ex-ami, le romancier à succès. Il y aura peut-être des lecteurs pour voir les nuances communes à toutes ces personnes.

Mais il nous faut encore raconter une dernière histoire avant de conclure. Et pour ne pas donner l'impression que nous avons tout dit avec notre petit poème :

Qu'est-ce que la vie ? Un champ de mines.

Qu'est-ce que la dissimulation ? La condition de notre ascension.

Qu'est-ce que l'amour ? La plus belle des mystifications.

33

Séduire

C'est certain, ce petit boulot n'est pas l'idéal. En tout cas pas pour un architecte diplômé. Stephan Karst enlève deux tasses à café, essuie les tables et se glisse non sans adresse derrière le comptoir, son plateau en équilibre sur une main. Il fait ensuite la vaisselle avec entrain. La musique s'est arrêtée. Doit-il remettre le disque de cette chanteuse française dont les clients ne se lassent pas ? Stephan commence à trouver sa voix rauque insupportable. Tant pis.

Ce job… ma foi, l'important c'est de faire rentrer un peu d'argent. Quelques jours plus tôt il en avait soudain eu assez de passer ses journées au lit à broyer du noir.

Une étincelle de vitalité fit une timide apparition en lui. Il se leva, passa dans la salle de bains, regarda son visage pas rasé dans la glace et se rendit compte que cette longue période de mélancolie lui avait au moins fait perdre quelques kilos. Mais quel ne fut pas son effroi lorsqu'il regarda autour de lui ! Partout, des gros moutons de poussière jonchaient le sol de l'appartement ; des verres, des bouteilles de bière, des DVD traînaient par terre. Dans la cuisine, le chauffage tournait à plein régime depuis des jours, sans aucune raison. Le répondeur clignotait nerveusement, cela faisait longtemps qu'il ne l'avait pas écouté ; c'était probablement sa mère qui lui avait laissé des messages. Il faudrait aussi faire les vitres, se dit Stephan, debout au milieu de la cuisine. Deux pizzas avaient commencé à moisir et il flottait partout une odeur douceâtre et désagréable. La poubelle était auréolée d'un essaim de grosses mouches.

Difficile à dire ce qui le conduisit finalement à mettre un peu d'ordre dans ce chaos. Peut-être avait-il dépassé les limites de la déchéance. Une résistance se manifestait.

Son contrat dans un cabinet d'architectes n'ayant pas été renouvelé, Stephan Karst avait quitté l'entreprise, furieux, et il était resté un certain temps au lit, comme anesthésié, rêvant du passé qui avait été meilleur mais s'abandonnant aussi à la terrible honte qu'il éprouvait en pensant à ses parents. Sa mère avait toujours été pour lui comme une force motrice. Bien que le milieu dans lequel il avait été élevé fût modeste, c'est elle qui l'avait poussé à passer son bac et à faire ensuite des études, non sans quelques sacrifices, recourant parfois à la menace s'il n'avait pas de bonnes notes. Il lui était donc redevable d'un certain nombre de choses. Mais il avait du mal à accepter que sa carrière à peine entamée se brisât de façon aussi lamentable.

Pour la première fois depuis des jours, Stephan Karst mit le nez dehors, après avoir fait un nettoyage sommaire et descendu la poubelle. Il faisait un temps gris, avec de la pluie ; il boutonna son manteau et partit sans but à travers les rues. Il s'acheta un kebab et faillit ne pas voir l'affichette apposée pourtant bien en évidence sur la vitrine du café, tellement il était perdu dans ses pensées : « On cherche extra. » Il regarda par la vitre et vit des femmes entre trente et quarante ans en train de discuter – beaucoup avec des enfants. Cela lui plut. Pourquoi ne pas abandonner un moment son métier d'architecte et y revenir plus tard ? Il imaginait que cela devait être agréable de travailler dans ce café, de servir gentiment toutes ces femmes qui peut-être n'attendaient qu'un signe du destin pour donner un nouveau tournant à leur vie.

Quelques minutes plus tard, il parlait avec le propriétaire, un homme d'une trentaine d'années, juste un peu plus jeune que lui, qui avait ouvert cet établissement parce que ses études ne lui plaisaient plus, ce qui parut de très bon augure à Stephan. En plus, il semblait très ouvert et sympathique. Une sorte de compagnon d'infortune. Stephan pouvait commencer tout de suite et il but une bière avec son nouveau chef pour sceller cet accord.

Maintenant, Stephan se retrouve de temps en temps derrière un bar, ce qu'il se garde bien de dire à ses parents. Ça va être un peu compliqué, la semaine prochaine, vu qu'il est de service en continu et que sa mère a annoncé sa visite en ville : elle veut aller voir un avocat (le père de Stephan a été contraint de prendre sa retraite anticipée).

Stephan avait les mains dans l'évier et pensait à l'avocat de ses parents lorsqu'il l'aperçut. La femme était seule, assise à une table près de la vitre. Elle avait des cheveux sombres coupés court, un visage qui lui semblait connu, comme celui d'une actrice dans un très vieux film, avec de grands yeux et un visage… comment dire ?… « classique », en tout cas aux traits réguliers. Elle lui sourit.

Finalement, c'était une bonne idée de s'être présenté dans ce café, se dit Stephan, en pensant soudain à autre chose. Et puis ça changeait sûrement aussi son apparence. Il devait maintenant donner l'impression d'être libre et désinvolte. D'autres cherchaient à faire carrière. Lui, non ! D'autres se crevaient au boulot avant l'infarctus. Lui, non ! Les autres ne pensaient qu'au fric. Lui, non ! Et pendant que ces autres attrapaient un lumbago à force de pianoter sur leur portable, lui recueillait les sourires langoureux de femmes esseulées.

Stephan avait le temps de la regarder à son aise. Il ne se souvenait pas du moment où elle était entrée dans le café. Elle lui rendit son regard, comme au ralenti, comme s'ils se connaissaient depuis toujours. « En fait, il suffit d'un léger changement d'expression pour passer de la gravité au sourire », se dit Stephan, troublé. Effectivement, elle lui souriait. Il lui sourit à son tour. Un mot un peu désuet lui revint en mémoire : *grâce*. Elle avait de la grâce. Elle se leva. Seuls quelques pas la séparaient du comptoir mais on aurait dit qu'elle dansait. Elle se pencha par-dessus le comptoir et dit d'une voix lascive : « Je suppose qu'on ne peut pas fumer ici ? »

Non, on ne pouvait pas. En accord avec la législation en vigueur, le chef de Stephan l'avait formellement interdit. Mais dans le cas présent, Stephan ne mit pas longtemps à trouver les cendriers relégués dans un tiroir du bas. Il lui en tendit un et dit en s'efforçant de prendre à son tour une voix lascive : « C'est bien parce que c'est toi ! »

Nous n'allons pas nous étendre sur le fait que cette initiative valut à Stephan pas mal de difficultés dans la mesure où son chef fit irruption juste à ce moment-là. Et sa réaction fut plus que bruyante. Sans compter que bon nombre de clients – surtout des clientes (paniquées à cause de leur progéniture) – s'étaient rués vers le comptoir pour se plaindre de ce formidable acte d'incivilité.

La seule chose importante pour nous, c'est le bref SMS que notre fumeuse envoya à une amie, après avoir tranquillement posé le cendrier sur la table. Il était aussi bref que cruel : « Je fume dans le café des mamans. Pari gagné ! »

TABLE

l'esprit d'ouverture

Collection dirigée par Fabrice Midal

Tal Ben-Shahar, *L'Apprentissage du bonheur. Principes, préceptes et rituels pour être heureux*, 2008

John Lane, *Les Pouvoirs du silence. Retrouver la beauté, la créativité et l'harmonie*, 2008

Norman Doidge, *Les Étonnants Pouvoirs de transformation du cerveau. Guérir grâce à la neuroplasticité*, 2008

Stefan Einhorn, *L'Art d'être bon. Oser la gentillesse*, 2008

Robert Emmons, *Merci ! Quand la gratitude change nos vies*, 2008

Christopher Hitchens, *dieu n'est pas Grand. Comment la religion empoisonne tout*, 2009

Bashô, Issa, Shiki, *L'Art du haïku. Pour une philosophie de l'instant*, 2009

Martha Lear, *Mais où sont passées mes lunettes ? Comment gérer au quotidien les petits troubles de la mémoire*, 2009

Gerd Gigerenzer, *Le Génie de l'intuition. Intelligence et pouvoirs de l'inconscient*, 2009

Yu Dan, *Le Bonheur selon Confucius. Petit manuel de sagesse universelle*, 2009

David Deida, *L'Urgence d'être. Zen et autres plaisirs inattendus*, 2009

Richard David Precht, *Qui suis-je et, si je suis, combien ? Voyage en philosophie*, 2010

Les Fehmi et Jim Robbins, *La Pleine Conscience. Guérir le corps et l'esprit par l'éveil de tous les sens*, 2010

Tal Ben-Shahar, *L'Apprentissage de l'imperfection*, 2010
Tal Ben-Shahar, *Apprendre à être heureux. Cahier d'exercices et de recettes*, 2010
Mark Rowlands, *Le Philosophe et le Loup. Liberté, fraternité, leçons du monde sauvage*, 2010
David Burns, *Bien ensemble. Comment résoudre les problèmes relationnels*, 2010
Satish Kumar, *Tu es donc je suis. Une déclaration de dépendance*, 2010
Richard David Precht, *Amour. Déconstruction d'un sentiment*, 2011
Roberta Lee, *SuperStress. La solution*, 2011

Composé par Nord Compo Multimédia
7, rue de Fives, 59650 Villeneuve-d'Ascq

Cet ouvrage a été imprimé en France par

CPI BUSSIÈRE

à Saint-Amand-Montrond (Cher)
en avril 2011

N° d'édition : 4634/02 – N° d'impression : 111325/1
Dépôt légal : avril 2011